Michael Kuper

Agrippa von Nettesheim
Ein echter Faust

Verlag Clemens Zerling

Markus Eiden
gewidmet

“Mein Wille macht mich beben,
er ist im ganzen Leib zugleich
und fordert wild das Himmelreich
mit jeder Fingerkuppe.“

Christine Lavant

Die Deutsche Bibliothek - CIP-Einheitsaufnahme

Kuper, Michael:
Agrippa von Nettesheim : ein echter Faust / Michael Kuper.-
1. Aufl. - Berlin : Zerling, 1994
(Reihe Biografie ; Bd.2)
ISBN 3-88468-056-0
NE: GT

ISBN-3-88468-056-0

Umschlag und Layout:
Rotation Verlags-Service
Sybille Zerling, Arno Heßling
Druck:
Fuldaer Verlagsanstalt

Inhalt

Kapitel I	Faustisches Ringen	9
Kapitel II	Aspekte der Magie *“De occulta philosophia“*	21
Kapitel III	Abenteuer in Italien	57
Kapitel IV	Wider den Richtgeist der Hexenmacher	62
Kapitel V	Gefährliche Pfade	83
Kapitel VI	Die zynische Zunge oder über *“Die Eitelkeit und Unsicherheit der Wissenschaften“*	93
Kapitel VII	Vom Ende -oder Freunde, Feinde, Roßtäuscher	114
Kapitel VIII	Wirkung und geistesgeschichtliche Nachwirkungen	138
Literaturhinweise		159

Vorbemerkung

Mit diesem Buch über Leben und Werk des Agrippa von Nettesheim liegt nun nach dem Band mit Fallstudien über den Renaissancephilosophen John Dee ein weiterer Beitrag zur Geschichte der hermetischen Literatur vor.

Zur Darstellungsabsicht im Rahmen dieser literarischen Biographie gehört es,

- Agrippas lebensgeschichtlichen Spuren zu folgen,
- für eine überschaubare Darstellung seiner Werke zu sorgen und
- Agrippas Wirkung und geistesgeschichtliche Nachwirkungen im historischen Kontext zu erschließen.

Hauptsächliche Quellen waren die autobiographisches Material enthaltenden Briefe und Werke. Chroniken und Stadtarchive wurden ebenfalls herangezogen.

Der Verfasser

Heinrich Cornelius Agrippa von Nettesheim

I

Faustisches Ringen

Agrippa von Nettesheim führte ein bewegtes und wechselvolles Leben als Philosoph, Magier, Arzt, Jurist, Agent, Soldat und Schriftsteller. Religionspolitische Wirren und die Stürme der frühen Neuzeit am Anfang des 16. Jahrhunderts wehten ihn von einem Land ins andere, von einem Fürstenhof an den nächsten. Dabei fiel der in manchen Künsten versierte Mann häufig von Reichtum in Armut, von höchster Fürstengunst in Ungnade. Immer wieder setzte Nettesheim für die Verfechtung seiner Ideen auch die eigene Existenz aufs Spiel.

Der rastlose Abenteurer des Geistes stand mit den größten Gelehrten und Humanisten seiner Zeit in Kontakt. Als gelehrter Schriftsteller von Rang hinterließ Nettesheim ein umfangreiches, in sich widersprüchliches Werk zwischen den Polen Magie und Skepsis. Es hat die Nachwelt bis heute beschäftigt und zu unterschiedlichen Einschätzungen dieses faustischen, zwischen Optimismus und Pessimismus schwankenden Menschen geführt. Strategien der Verleumdung beschädigten Nettesheims Ansehen bereits zu Lebzeiten. Ein zwiespältiger Ruf als Schwarzkünstler begleitete ihn wie ein zweiter Schatten. Nettesheims faustischer Wagemut brachte ihn nicht selten in Schwierigkeiten. Charakter und Handlungen des Renaissancemenschen Agrippa sind durch die unkritische Tradierung von Zerrbildern lange verkannt worden.

Um Nettesheims Denken und die geistesgeschichtlichen Hintergründe seiner vielen Kämpfe ausreichend zu verstehen, muß man den Stationen seines unsteten Wanderlebens folgen. Henricus Cornelius Agrippa von Nettesheim wurde am 14. September 1486 als Sproß einer verarmten Kölner Adelsfamilie im Zeichen der Jungfrau geboren. Sein dritter Vorname ist eine Anspielung auf seine Geburtsstadt Köln, die auf

Lateinisch "Colonia Agrippinensis" heißt. Angeblich sollen die Römer aber auch Kinder, die mit den Füßen voran auf die Welt kamen, "Agrippa" genannt haben. Sicher ist, daß der Kölner von seinen drei Vornamen den dritten auch als Schriftstellernamen wählte. "Nettesheim" ist zudem ein Ort in der Nähe von Köln zwischen der Hohen Eifel und dem Hohen Venn.

Über Agrippas Kindheit und frühe Jugend ist nichts bekannt. Die III. Matrikel der Kölner Universität verzeichnet für den 22. Juli 1499 die Immatrikulation des Henricus de Nettesheym, Sohn des gleichnamigen Vaters, der als Kölner Bürger möglicherweise in den Diensten des Hauses Österreich stand, an der Fakultät der Künste. Agrippa war zu diesem Zeitpunkt erst 13 Jahre alt. Nach den spärlichen Angaben aus dem IV. Dekanatsbuch der Artistenfakultät wurde Agrippa am 29. Mai 1500 für das Baccalaureat zugelassen. Ein Eintrag am 1. Juli 1500 verzeichnet den Beginn der Determination, und bereits mit noch nicht einmal 16 Jahren wurde der sprachbegabte und redegewandte junge Mann am 14. März 1502 zur Licentiatenprüfung zugelassen. Rückblikkend war Agrippa mit der Ausbildung nicht zufrieden. Er sprach sogar von Zeitverschwendung und kritisierte seine Lehrer, unter denen auch Vertreter des ihm später so verhaßten Dominikanerordens waren. Über weitere universitäre Abschlüsse in Köln ist nichts bekannt. Mit den Gelehrten der Kölner Universität sollte Agrippa in späteren Jahren noch viele Kämpfe auszufechten haben.

Schon früh kam der junge Mann mit der lateinischen Sprache und der Astrologie in Kontakt, von der er sagte, er habe sie "mit der Muttermilch" getrunken. Ebenso früh erwuchs die Liebe zur Welt der Bücher, die er später durch ein umfangreiches, nicht widerspruchsfreies Œuvre bereichern sollte. Bereits in frühen Jahren beschäftigte Nettesheim sich mit den geistesgeschichtlichen Grundlagen des magischen Denkens und Fragen der Theologie. Hermetische Bücher, orphische Hymnen, die hebräische Kabbala und verwandte Tradierungen über die Möglichkeiten seelischer Erhebung riefen bei dem Studenten großes Interesse und Neugier hervor. Auch für das römische Recht und die Medizin konnte sich der wißbegierige Agrippa begeistern. Mechanik, Optik und Geometrie standen fest auf dem Studienplan des Autodidakten. Der faustische Geist bemühte sich um alle Gebiete des Erlernbaren, allerdings ohne dabei auf die Dauer Befriedigung oder gar seinen Wissensdurst ausreichend gestillt zu finden. Sprachstudien und die Beschäftigung mit den in der Antike vorherrschenden Denkweisen forderten Agrippa viel Ausdauer und Selbstbeherrschung ab.

Nettesheims Leben und widersprüchliche Persönlichkeit geben bedeutende Hinweise für die Interpretation seiner Werke und seiner Gedankenwelt. Äußerlich eher unauffällig, besaß Agrippa eine mittlere bis kleine Statur. Über einer langen, spitzen Nase leuchteten wache Augen. Ein dünner Bart zierte das schmale Gesicht. Vom Temperament her war Nettesheim Sanguiniker, also zupackend, heißblütig und flüchtig im Wesen. Seinen Zeitgenossen galt er als gefährlich wortgewandt, hintersinnig und impulsiv. Man sagte dem kunstreichen Mann neben Sinn für Humor auch einen Hang zur List und eine gewisse Portion Verschlagenheit nach. Nach der Typenlehre des ausklingenden Spätmittelalters bezeichnete man Sanguiniker auch häufig als strebsame "lichte Gestalten". Zumindest für Agrippa von Nettesheim trifft dies zu, fühlte er sich doch als Vertreter des magischen Denkens erklärtermaßen den Sternen nahe und als unsteter Philosoph dem flüchtigen Element Luft persönlich sehr verbunden. Seine Eigenwilligkeit und das wachsame Ringen um Selbstbestimmung haben hier ihren Beweggrund. Hinzu kommt noch der Umstand, daß er sich gefährlichen Situationen manchmal nur durch rasche Flucht entziehen konnte, somit also über die Fähigkeit verfügte, sich im übertragenen Sinne einfach in Luft aufzulösen.

Von innerer Unruhe getrieben, entfaltete Nettesheim viele Aktivitäten nach außen. Die Unzufriedenheit mit dem offizi-

ell akzeptierten theologischen und philosophischen Wissen brachte den jungen Studenten früh dazu, sich enthusiastisch mit den Klassikern der Antike und mit den Schriften von verketzerten Querdenkern zu beschäftigen. Emsig las er, was ihm in die Hände fiel. Eine erstaunliche Gedächtnisleistung half Nettesheim dabei, sich die Welt des Geistes zu erschließen. Er besaß eine schnelle Auffassungsgabe und verfügte über das, was wir heute, freilich unter einer gewissen Bedeutungsveränderung, "schwarzen Humor" nennen würden.
Im Jahre 1502 oder 1503 wechselte Agrippa den Studienort und zog für mehrere Jahre nach Paris, wo er sich neue Impulse für sein geistiges Streben erhoffte. Aus der Zeit des Pariser Aufenthaltes im Jahre 1507 stammen auch die ältesten bekannten Briefe, die erhalten geblieben sind.
In Paris widmete sich der umtriebige Student Agrippa zusammen mit einigen Gleichgesinnten häufig allerlei alchimistischen Experimenten. Die gelegentlich kostspieligen Versuche ohne Gewähr auf Erfolg ließen sie sich von reichen Bürgern bezahlen, die an die vermeintlichen Wunder der Goldmacherkunst glaubten.
Allem Anschein nach hat Agrippa 1507 in Paris ein Solidacium, also eine geheime Gesellschaft zur Betreibung von Grenz- und Geisteswissenschaft frequentiert oder möglicherweise sogar gegründet, die auch Ableger in England, Deutschland und Italien unterhalten haben soll. Leider ist die Quellenlage zu diesem Punkt sehr dünn und unsicher. Mischungen aus Gelehrtenzirkel und Studentenverbindungen waren zu jener Zeit durchaus üblich, auf dem gefährlichen Pflaster Paris, wo die orthodoxe Sorbonne-Universität offiziell das Sagen hatte, sogar ratsam. Die Mitglieder des von Verfolgung und Verboten bedrohten Zirkelwesens betrieben den geistigen Austausch vorwiegend per Brief. Der Arzt Landolfus schrieb an Agrippa aus Lyon unter anderem folgenden Empfehlungsbrief:
"Der, welcher Dir diesen Brief überbringt, ... ist ein eifrig Suchender (rerum arcanum curiosus indagator) geheimer

Dinge und ein freier Mann (homo liber) - ... Ich würde wünschen, daß Du den Mann ernsthaft prüfst und daß er Dir die Ziele seines Strebens mitteilt. Denn er ist nach meiner Ansicht nicht weit vom Ziel (a scopo)...
Also eile von Norden nach Süden, beflügelt von den Flügeln Merkurs, ergreife bitte das Szepter des obersten Gewalthabers (Jovis sceptra) und nimm jenen in *unsere Gesellschaft* auf, falls er das Gelübde auf unsere Gesetze ablegen will (si in nostra velit iurae capitula, nostro sodalicio adscitum face). Unsere übrigen Kampfgefährten (ceteri commilitones nostri) erwarten Deine Ankunft. Darum übergib Deine Segel froh den Winden und eile zum Hafen (portum) unseres gemeinsamen Glücks!" (*Hartlaub*, S. 19)

Im Jahre 1508 ließ sich der Glücksritter Agrippa auf ein seltsames Abenteuer ein: Sein Freund aus Pariser Tagen, der Baske Janotus, war während der Streitigkeiten über den neuen politischen Kurs in Spanien nach dem plötzlichen Tod des Königs in einen Bauernaufstand geraten und von seiner Burg vertrieben worden. Der Hilferuf des Janotus veranlaßte Agrippa und einige Freunde nach Spanien zu eilen. Dort heuerten sie zur Verstärkung etliche Söldner an, mit denen man die Burg oder das, was von ihr noch übrig war, im Handstreich zurückeroberte. Die Freude über den Sieg währte jedoch nicht lange, sah man sich doch plötzlich von einer Vielzahl unzufriedener Bauern belagert, die den eigenen Kräften weit überlegen waren. Teile der Burg wurden aufgegeben und nur ein alter Turm gewährte letzte Zuflucht. Angesichts der notorisch knappen Vorräte wuchs die Gefahr, ausgehungert zu werden, mit jedem Tag. Für die Eingeschlossenen wurde die Lage immer bedrohlicher. Nur mit einer Kriegslist konnte man sich noch ungeschoren aus der Affäre stehlen. Agrippa ließ einen schauspielerisch begabten Freund zu den Bauern schikken, dem er die Schreckensmale der Pest ins Gesicht geschminkt hatte. In panischer Angst vor einer möglichen Ansteckung stoben die Bauern auseinander und lösten so die Belagerung. Zwar gelang den Eingeschlossenen die Flucht vom ungewissen Ort des Geschehens, doch kam der Burgherr Janotus dabei aller Wahrscheinlichkeit nach ums Leben. Nach diesem abenteuerlichen Fehlschlag verließ Nettesheim Spanien auf schnellstem Wege.

Nach von Geldnot begleiteten Aufenthalten in Lyon und Autun hielt Agrippa 1509 als junger Dozent von gerade 23 Jahren an der Universiät im burgundischen Dôle Vorlesungen über Johann Reuchlins (1455-1522) Werk *"De verbo mirifico"* aus dem Jahre 1494. Reuchlin hatte in diesem umstrittenen Buch beispielsweise behauptet, daß das christliche Gedankensystem so neu gar nicht sei und schon mehr oder minder deutlich bereits im Zentrum vieler alter Philosophien heidnischen oder antiken Ursprungs gestanden hätte. In einer solchen Aussage vermochten Reuchlins zahlreiche Gegner nur eine Aufwertung des jüdischen und griechisch-antiken Spekulierens zu Lasten der reinen Lehre des Christentums zu sehen. Agrippas Vorlesungen lauschten auch Mitglieder des Parlaments und Angehörige des Hofstaates von Kaiser Maximilians Tochter Margarete von Österreich (1480-1530). Prompt geriet Agrippa in ein hitziges Wortgefecht mit dem Prior der Franziskaner, Jean Catilinet, der sich ungefragt einmischte und Nettesheim als "judaisierenden Häretiker, der die verbotene kabbalistische Kunst unter die christliche Lehre gemischt habe", beschimpfte. Der redegewandte Dozent wird ihm mit scharfer Zunge geantwortet haben, doch sind uns die genauen Worte leider nicht überliefert. Ein Jahr später ließ Agrippa in Humanistenkreisen eine Streitschrift gegen den bei Hof einflußreichen Angreifer zirkulieren, die ihm den Haß vieler Franziskaner und den Argwohn der Dominikaner einbrachte.

In diesen Lebensabschnitt fiel auch die Abfassung der Schrift über den Adel und den Vorzug des weiblichen Geschlechts *"De nobilitate et praecellentia foeminei sexus"*, einer Lobrede für die potentielle Gleichberechtigung der Frauen. Interessant ist Agrippas Plädoyer in den Punkten, in denen er historische Leistungen und Großtaten von Frauen würdigt, die den männlichen Parallelbeispielen in nichts nachstehen. Er entwickelt die Ansicht, daß nur maskulines Imponiergehabe und das Erziehungsmonopol die Frauen seiner Zeit daran hindern, es ihren berühmten Vorgängerinnen nachzutun. Frauen sind unbestechlich, deshalb ist die Korruptionskultur in Kirche und Staat eine rein männliche Domäne. Warum müssen alle Priester ausschließlich männlichen Geschlechts sein? fragt der skeptische Philosoph. Auch mit diesem Text versuchte Agrippa, die mächtige Regentin Margarete von Österreich für sich zu gewinnen. Diese Absicht mußte auch Gegner herausfordern. Der Pater Provinzial der burgundischen Franziskaner, Jean Catilinet, war auch ein einflußreicher Hofprediger, und kraft dieses Amtes machte er Nettesheims Hoffnungen auf eine akademische Festanstellung an der Universität bzw. auf ein ehrenvolles Amt bei Hofe zunichte. Auch die Drucklegung der Widmungsschrift wurde erfolgreich hintertrieben, und so ließ Agrippa die kleine Schrift erst viel später, im Jahre 1532 in Antwerpen, publizieren.

Catilinets Schmähungen und Herabsetzungen erschwerten Agrippas Ringen um eine seinen Fähigkeiten entsprechende Anerkennung und um berufliches Fortkommen. Nach der Ablösung vom Hof- und Universitätsleben mußte Nettesheim eine frustrierende Phase innerer Zerrissenheit und problematischer Selbststabilisierung durchleben. Sein Selbstwertgefühl hatte in der Konfrontation mit Vertretern des orthodox-dogmatischen Denkens Schaden genommen. Es galt nun, die eigene Positionsbestimmung zu überdenken und gegebenenfalls zu festigen.

Freude bereiteten ihm seine Studien über die Geschichte und die Grundlagen des magischen Denkens. Sein brennender Wissensdurst war nicht zu bezwingen, das Streben nach freier Selbstbestimmung und Unabhängigkeit im Denken blieb stark entwickelt. Der faustische Erkenntnisdrang war nur schwer zu stillen, was auch an der Bewußtwerdung des Suchenden im Prozeß des Denkens zwischen endlicher Enge und unendlicher Weite als dem eigentlichen faustischen Moment liegen mochte. Agrippa hatte Schwierigkeiten, sich für eine Sache zu entscheiden, er schwankte in der Arbeit, und des Lebens ewiges Auf und Ab drohte ihn wankelmütig werden zu lassen.

Von Köln aus nahm Agrippa Ende 1509 oder Anfang 1510 Kontakt zu dem gelehrten Abt Johannes Trithemius (1462-1516) auf, der 2000 Bücher und Manuskripte besessen haben soll. Bald darauf stattete er dem als Magier und Hofberater berühmt-berüchtigten Vorsteher des Schottenklosters zu Sponheim einen längeren "Arbeitsbesuch" ab, der beiden auch später noch aufgrund der stimulierenden Konversation in angenehmer Erinnerung bleiben sollte.* Als direkte Folge dieser Begegnung intensivierte Nettesheim seine Studien über die Magie und ihre entwicklungsgeschichtlichen Grundlagen. Zwischenzeitlich war der stark an der Mineralogie interessierte Kölner als Bergrat tätig, wie aus einer Bemerkung in dem Werk *"De vanitate..."* hervorgeht.

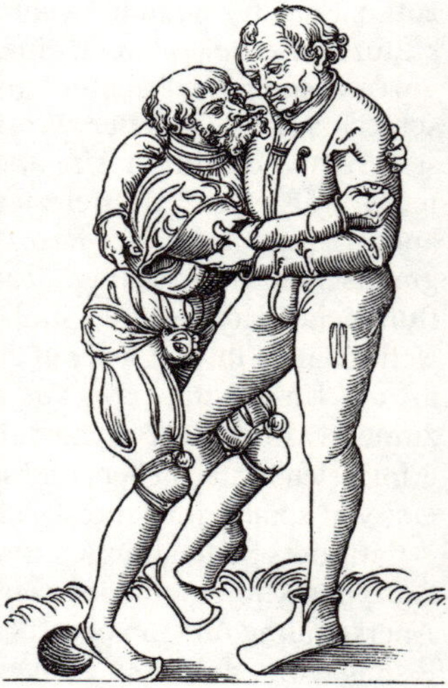

Ausschnitt aus dem "Handbuch der Ringerkunst" des Fabian von Auerswald, Wittenberg 1539.

Noch im Jahr 1509 und bis zum Frühjahr 1510 arbeitete der 23jährige Agrippa auf Anregung von Trithemius hin an den drei Büchern seines ersten Hauptwerkes über die Magie *"De occulta philosophia"*. Dankbar widmete er es dem um keine Ermutigung verlegenen Abt. Dieses gelehrte Kompendium von riesenhaften Ausmaßen bildete die Grundlage für

* Näheres im nächsten Kapitel

den frühen Ruhm und eilfertige Verleumdungen, obwohl auch dieses Werk erst Jahrzehnte später in einer gedruckten Fassung erschien.

1510 war Agrippa in geheimer Mission nach England gereist. Als Agent Kaiser Maximilians I. (1459-1519) sollte er dort die veränderte politische Lage nach der Krönung des neuen Königs Henry VIII. (1491-1547) sondieren. Der mächtige Habsburger, der einen Wechsel in der englischen Außenpolitik und eine angelsächsische Einmischung in Norditalien befürchtete, hatte für diese Aufgabe den sprachgewandten Nettesheim bestimmt. Maximilian empfand es als nötig, viele Repräsentanten nach England zu schicken, da der junge König offenes Interesse an einer Allianz mit dem gegen die Interessen Habsburgs vorgehenden Frankreich zeigte. Maximilian mußte sehr daran gelegen sein, sich Englands Neutralität im Streit um die Vorherrschaft in Norditalien in der einen oder anderen Weise zu versichern. Henry VIII. war durchaus eigenwillig, und die Rechnung des Habsburgers sollte später nicht aufgehen.

Während des Aufenthalts in England schrieb der junge Kölner eine sachliche Streitschrift ohne Temperamentsausbruch unter dem Titel *"Ex postulatio contra Catilinetum"* gegen den gleichnamigen Mönch nieder. Dieser hatte Agrippa bekanntlich in Dôle beschimpft und ihm allerlei Schwierigkeiten bereitet.

In London lernte Agrippa auch den englischen Humanisten und Erziehungsreformer John Colet (1467-1519) kennen und schätzen. Bei diesem gelehrten Freund des Erasmus und Thomas Morus hörte Nettesheim auch Vorlesungen über die Briefe des Apostels Paulus und die geheimnisvollen Besonderheiten des Paulinischen Christentums. Ob Agrippa auch mit dem ebenfalls gerade in England weilenden Erasmus zusammentraf, muß wegen der unklaren Quellenlage fraglich bleiben. Im Kreis der gelehrten englischen Humanisten beteiligte sich Agrippa auch an langen vorreformatorischen Diskussionen über den Sinn oder Unsinn von Heiligenbildern,

Erasmus reinigt den Text des Neuen Testaments Holzschnitt zu einer Reformationsschrift (um 1523).

Luther (am Backtrog) gibt dem Urtext die deutsche Sprachform und macht ihn so jedermann zugänglich. Die geistliche Hierarchie (Abt, Prälat, Bischof, Papst) nimmt die Gabe nicht an und ruft den Bann aus.
Über allen schwingt Karsthans, der empörte Bauer, den Flegel, um die Reformation zu verteidigen.

Reliquienkult, Heiligenverehrung und Bildersturm. Kaum wieder in Köln angelangt, sollte Agrippa viele unkonventionelle Gedanken aus England in die Vorlesungen vor seinen eigenen Studenten einfließen lassen. Ein in England begonnener Kommentar Agrippas über die paulinischen Briefe ging 1515 während der Kriegswirren in Pavia verloren.

Wieder zu Hause in Köln eingetroffen, gönnte sich Agrippa zunächst zwei oder drei Monate Muße, um sich seiner Familie und den Kölner Freunden zu widmen. Doch die Phase der Ruhe sollte nicht lange währen. 1511 startete er an der Kölner Universität eine quodlibetanische ("Was-du-willst"-Meinung) Vorlesung über Theologie und christliche Bibelkunde.

Kurz darauf sah er sich in den zum Siedepunkt gelangten Reuchlin-Streit verwickelt. Um 1510 verschlechterte sich das geistige Klima, als mit Johann Reuchlin einer der führenden deutschen Humanisten und christlichen Kabbalisten in eine heftige Kontroverse mit den Dominikanern geriet. Die mehrjährige Auseinandersetzung um den bedeutensten Hebräischkenner Europas erreichte 1517 mit der Veröffentlichung von Reuchlins zweitem Hauptwerk *"De arte cabbalistica"* einen weiteren Höhepunkt.

Der Streit wurde gleichzeitig in mehreren Universitätsstädten geführt. Neben einigen Mitstreitern in Köln verteidigte auch Agrippa den großen christlichen Kabbalisten und Onkel des Reformators Philipp Melanchton, dessen Gelehrsamkeit Agrippa persönlich viel zu verdanken hatte. Spottlustig polemisierte Nettesheim gegen die Kleriker Hoogstraaten und Pfefferkorn, die eine Verbrennung aller jüdischen, nicht-biblischen Literatur gefordert hatten. Wieder zog er den Zorn orthodoxer Geistlicher auf sich, denen auch seine Lehrtätigkeit schon länger ein Dorn im Auge gewesen war. Seinen antisemitischen Gegnern warf Agrippa Ungelehrtheit vor, weil sie offenkundig nicht wußten, daß Reuchlins Schriften Gottes Wort und die Wahrhaftigkeit des Christentums nicht etwa schwächen, sondern stärken würden. Zudem war ihm die während des Streits erhobene Forderung nach der Zwangstaufe aller Juden ein Greuel, das an die brutale Bekehrungspolitik während der Kreuzzüge erinnern mußte.

Buchbeschlagnahmungen und Verbrennungen brachten Agrippas gelegentlich überschäumendes Temperament zum Kochen. Er schloß sich den Gelehrten an, die den Streit für und wider Reuchlin und die jüdische Literatur in einen Streit um die Kompetenzen und Vollmachten des Inquisitors von Hoogstraaten umzuwandeln versuchten. Damit zog er den Argwohn der offiziellen Glaubenshüter auf sich. Es dauerte nicht lange, bis er Köln, mehr oder weniger freiwillig, wieder verließ.

II

Aspekte der Magie
in
"De occulta philosophia"

"NOS HABITAT, NON TARTARA, SED NEC SIDERA COELI,

SPIRITUS IN NOBIS, QUI VIGET, ILLA FECIT."

("Nicht Gestirn noch Unterwelt:
in uns allein der Geist ist's, der alles bewirkt")*

In diesem berühmten Distichon hat Agrippa von Nettesheim seine Auffassung von der Magie als eine das geistige Wesen Mensch bewegende Kraft zusammengefaßt. Die Grundzüge seiner Magieauffassung legte Nettesheim in seinem 1509/10 entstandenen ersten Hauptwerk dar, das 1531-1533 in verschiedenen Drucken als Buch veröffentlicht wurde. Das große Kompendium zur Geschichte des magischen Denkens und über die Grundlagen der okkulten Philosophie erschien unter dem Titel "*De occulta philosophia libri III sive de magia*". Das Wort "occultum" - verborgen - hatte zu Agrippas Lebzeiten noch nicht jene fatale Sinnverwässerung und jenen inflationären Gebrauch erfahren, wie diese für das späte 19. und 20. Jahrhundert so kennzeichnend sind.

In "*De occulta philosophia*" versuchte Agrippa in einer Länge von über 600 Buchseiten eine Synthese von Christentum und Magie auf der Grundlage der neuplatonischen Mystik herzustellen. Von seinem Selbstverständnis her war Agrippas Beschäftigung mit der Magie Ausdruck eines durchaus christlich verstandenen Humanismus.

* Freie Übersetzung des deutschen Schriftstellers Gustav Meyrink (1868 - 1932), der sich dieses Motto als Leitstern erkor.

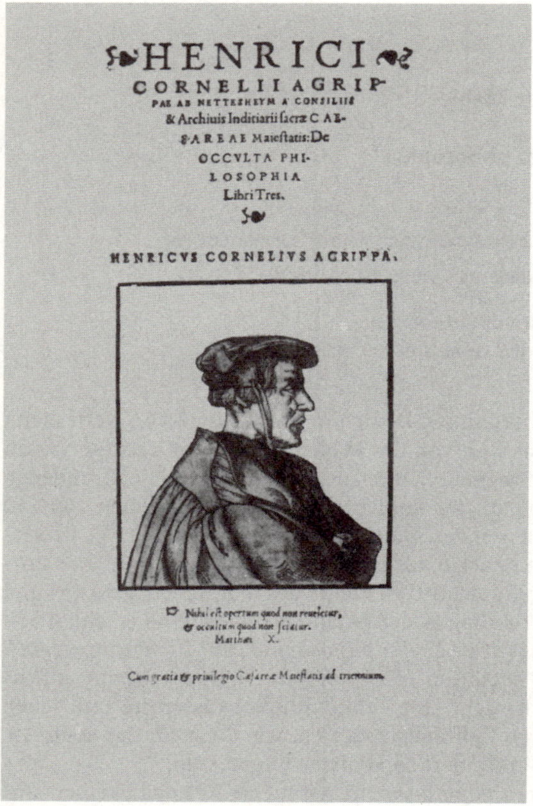
HENRICI CORNELII AGRIPPAE AB NETTESHEYM A' CONSILIIS & Archiuis Indiciarii sacræ CAESAREAE Maiestatis: De OCCVLTA PHILOSOPHIA Libri Tres.

HENRICVS CORNELIVS AGRIPPA.

Nihil est opertum quod non reuelctur, & occultum quod non sciatur. Matthæi X.

Cum gratia & priuilegio Cæsareæ Maiestatis ad triennium.

Heinrich Cornelius Agrippa von Nettesheim, "De Occulta Philosophia", Ausgabe von 1533

Im Gegensatz zum späteren Skeptiker wurde der junge Nettesheim nicht müde, das Loblied auf die menschliche Fähigkeit zur Erkenntnisgewinnung anzustimmen: "Obgleich der Mensch kein unsterbliches Wesen ist wie das Universum, so ist er doch mit Vernunft begabt, und mit seinem Verstande, seiner Einbildungskraft und seiner Seele kann er auf die ganze Welt einwirken und sie verwandeln." Wie auch in seinem zweiten

Hauptwerk *"De vanitate..."* entfaltet Agrippa in *"De occulta philosophia"* ein enormes historisches Wissen auf der Basis einer ungeheuren Zahl von Beispielen. Wissen ist beim jungen Nettesheim Macht, Macht zu Wundern.

Von *"De occulta philosophia"* gab es schon lange vor der Drucklegung 1531-1533 eine stattliche Anzahl von nicht autorisierten und überwiegend fehlerhaften Abschriften, die zum Teil auch noch mit sinnlosen Ergänzungen von Unbekannten versehen wurden. In jedem Fall waren und wurden es ständig mehr als Agrippa lieb sein konnten. Was sollte mit dem immerhin über 20 Jahre alten Jugendwerk geschehen? Nach einigem Zögern entschloß er sich im Jahr 1530 zu einer von ihm selbst überarbeiteten und dennoch nicht fehlerfreien Herausgabe seines originalen Jugendwerkes. Hinsichtlich der redaktionellen Verbesserungen schreibt Nettesheim, er habe "einige neue Kapitel hinzugefügt, auch mehreres eingeschaltet, dessen Weglassung eine Nachlässigkeit gewesen wäre, und das der aufmerksame Leser leicht aus der Ungleichheit des Stils wird herausfinden können. Das ganze Werk wollte ich nämlich nicht umarbeiten und sozusagen das Gewebe wieder auftrennen, sondern es nur stellenweise verbessern und ihm ein anderes Ansehen geben. Daher muß ich den freundlichen Leser wiederholt bitten, das ihm hier Dargebotene nicht nach der gegenwärtigen Zeit der Veröffentlichung zu beurteilen, sondern es einer wißbegierigen Jugend nachsehen zu wollen, wenn er auf etwas ihm Mißfälliges stoßen sollte" (*"De occulta philosophia"*, I, 4).

Eine gewisse Geldnot erleichterte ihm die Entscheidung zur Drucklegung, ebenso wie das Drängen mehrerer Buchhändler aus dem Rheinland, die sich durch den Verkauf dieses schon als Manuskript berühmten Buches zur Systematik und Traditionsgeschichte des magischen Denkens hohe Umsätze versprachen. Zudem durchlebte Agrippa zum Zeitpunkt der sehr späten Drucklegung als Schriftsteller gerade eine erfolgreiche Phase, waren doch soeben mehrere kurze Abhandlungen und das große skeptische Werk *"De vanitate..."* als

Bücher erschienen. Diese waren allesamt sehr umstritten und hatten beträchtlichen Wirbel ausgelöst.*

"De occulta philosophia" ist ein in hohem Maß komplexes, nicht im ganzen Umfang homogenes Werk, gespeist von vielen Überlieferungstraditionen der "Magia". In aller Ausführlichkeit versucht Nettesheim eine große Zahl von Grundannahmen zu erschließen. Die Magie wird in den Rang eines wichtigen Hilfsmittels für die menschliche Selbstbeherrschung sowie Natur- und Weltaneignung erhoben. Agrippas Magiebegriff ist naturphilosophisch geprägt. Sein Magus ist der erhöhte Mensch, der über sich und die Natur herrschen will, auf dem Weg zum Aufstieg zu Gott. Magisches Wissen ist Macht zur Aneignung der Welt.

Nettesheims eifriges Bestreben, die Gelehrtenmagie seiner Zeit von Ballast und Verfälschungen zu reinigen, brachte ihm einen schlechten Ruf als Zauberer auf unterster Ebene ein. Für Agrippa jedoch besaß die sagenhafte Magie der Vorzeit einen guten Ruf als höchste aller Künste im Ringen um die Erweiterung des religiösen Bewußtseins. Es galt, diese hohe Reputation unter Rückgriff auf Tausende von Quellen und eine vielschichtige Materialfülle wiederherzustellen. Dazu sind die kabbalistischen Arbeiten von direkten Vorläufern wie Pico und Ficino zu zählen, sowie Anspielungen auf Werke von Zeitgenossen wie Trithemius und Reuchlin, die allerdings nicht direkt zitiert wurden. Hinzu kommen eine Unzahl von selten als solche gekennzeichneten Zitaten aus mittelalterlichen Schriften zur Magie aus der Feder von Bacon, Albertus Magnus, Arnold de Villanova und vielen anderen mehr. Auch die christliche Mystik eines Nicolas Cusanus beeinflußte Agrippa in starkem Maße.

Im Widmungsschreiben an den Anreger des Werkes, den Abt Trithemius, berichtet Nettesheim von seiner Unzufriedenheit mit den vorangegangenen Systematisierungsversuchen der mittelalterlichen Magier. Sie brachten ihn "auf

* Vgl. Kapitel VI und VII

den Gedanken, daß es wohl kein unlöbliches Unternehmen wäre, wenn ich die wahre Magie, jene uralte Wissenschaft aller Weisen, nach vorheriger Reinigung von gewissenlosen Verfälschungen und unter sorgfältiger Entwicklung ihrer Prinzipien, wiederherstellen und gegen ihre Verleumder in Schutz nehmen würde. Obwohl ich mich schon lange mit diesem Gedanken trug, so wagte ich doch bis jetzt nie zur Ausführung zu schreiten. Seit unserer über derartige Gegenstände zu Würzburg stattgefundenen Unterhaltung jedoch hat Eure ausgezeichnete Erfahrung und Gelehrsamkeit sowie Eure eifrige Ermahnung mir neuen Mut gemacht. Ich habe nun nach den Schriften der bewährtesten Philosophen, unter Fernhaltung des verwerflichen und fälschlich für magische Traditionen Ausgegebenen, in letzter Zeit drei Bücher über die Magie in tunlicher Kürze verfaßt und ihnen den weniger anstößigen Titel «Geheime Philosophie» gegeben" (*"De occulta philosophia"* , I, 6f).

Besonders wichtig für die okkulte Philosophie sind die grundlegenden neuplatonischen Doktrinen zur magischen Ideenwelt, wie sie von Ammonios Saccas, Plotin, Porphyrios, Jamblichos, Proclos und anderen mehr entwickelt wurden. Diese Männer des Geistes waren für Agrippa Autoritäten und Leitfiguren für das eigene Tun. Auch die Literatur der Antike wird in hohen Tönen gepriesen und in vielen Zitaten herausragender Dichter vorgestellt. Die Dichter stehen den Magiern am nächsten. In seiner Jugend hatte Agrippa sich ausgiebig mit diesen neuplatonischen Philosophen beschäftigt und die hermetischen Schriften über die Natur der Seele regelrecht verschlungen. Eventuelle Fehler im Text "möge der Leser ... meiner Jugend zu gut halten, denn ich war kaum ins Jünglingsalter eingetreten, als ich dieses Werk verfaßte, so daß ich mich selbst entschuldigen und sagen kann: Da ich ein Kind war, da redete ich wie ein Kind und war klug wie ein Kind; da ich aber ein Mann ward, tat ich ab, was kindisch war. In meinem Buche von der Eitelkeit und Unzuverlässigkeit der Wissenschaften habe ich sogar dieses Werk zum großen Teil widerrufen. Nun wird man mir vielleicht entgegenhalten, warum ich ein Werk, daß ich als ein Jüngling geschrieben und als Greis widerrufen, dennoch herausgegeben habe? Allerdings, noch sehr jung unternahm ich es, die vorliegenden Bücher über geheime Philosophie zu schreiben, und zwar in der Hoffnung, sie einst verbessert und vermehrt herauszugeben..." (*"De occulta philosophia"* , I, 3).

"De occulta philosophia" ist sowohl Ergebnis als auch nicht besonders systematische Kompilation einer lebenslangen Beschäftigung mit dem kontemplativen Neuplatonismus, wie ihn auch gerade Ficino vertrat. Arabische Einflüsse im synkretistisch angelegten Text sind vor allem dem hermetischen Traktat *"Picatrix"* entnommen, das den Aufbau des ersten Buches wegweisend geprägt hat.

Agrippa ist um eine Wiederherstellung des einst guten Namens der Magie bemüht. Dazu sind Erneuerungsbestrebungen nötig, die wiederum zunächst eine Bestandsaufnahme dessen bedingen, was die Magie sein kann und was sie vermag. Festzustellen ist, wie Agrippa in seiner Widmung an den zauberkundigen Abt zu bedenken gibt, daß die Magie "den heiligen Vätern seit der Entstehung der katholischen Kirche immer verhaßt und verdächtig gewesen und endlich von den Theologen verworfen, von den heiligen Konzilien verdammt und überall durch gesetzliche Bestimmung geächtet worden sei. Nach reiflicher Erwägung glaube ich die Ursache hiervon darin gefunden zu haben, daß, als die Zeiten und Menschen schlechter wurden, viele Pseudophilosophen und angebliche Magier sich einschlichen, die von den verschiedenen häretischen Sekten und falschen Religionsparteien viele höchst verwerfliche, abergläubische und finstere Zeremonien entlehnten und sogar mit der orthodoxen Religion gegen die Ordnung der Natur zum Verderben der Menschen einen schändlichen, gotteslästerlichen Mißbrauch trieben. Diese haben auch die vielen verrufenen Bücher, die man heutzutage sieht, und denen sie den sonst so ehrbaren Namen Magie vorgesetzt, herausgegeben. Da sie durch einen solch hehren

Titel ihrem fluchwürdigen Gaukelwerke Eingang zu verschaffen hofften, brachten sie es dahin, daß der einst hochgepriesene Name Magie jetzt allen guten und rechtschaffenen Menschen verhaßt ist, und es als ein Hauptverbrechen gilt, sobald jemand in Worten oder Werken sich für einen Magier auszugeben wagt, wenn nicht etwa ein altes, närrisches Weib auf dem Lande für sehr erfahren in solchen Dingen gehalten werden und die Leute glauben machen will, daß sie (wie Apulejus sagt) den Himmel herabziehen, die Erde aufhängen, die Quellen verstopfen, die Berge zergehen lassen, die Manen ans Licht ziehen, die Götter entkräften, die Gestirne auslöschen, und selbst den Tartarus erbellen könne" (*"De occulta philosophia"* , I, 5).
Im Vorwort erklärt Agrippa, daß der Magier weder abergläubisch noch arglistig oder von profanen Zielen besessen sein darf. Weise muß er sein, ein nach dem Heiligen strebender Diener mit prophetischen Zügen. Starker Wille, ein erhabenes Leben und fester Glaube sind nötig, um die Magie als "vir bonus" operativ betreiben zu können: "Ohne allen Zweifel wird der Titel unseres Werkes über die *geheime Philosophie* oder die *Magie*, schon der Seltenheit wegen, viele Leser anlokken. Manche aber werden, teils aus Vorurteil und Beschränktheit, teils aus Bosheit und Übelwollen gegen uns, ob sie gleich die Sache nicht verstehen, den Namen Magie im übeln Sinne nehmen und schon nach dem Anblick des Titels ausrufen: Dieser lehrt verbotene Künste, er streut den Samen der Ketzerei aus, beleidigt fromme Ohren und erregt bei gebildeten Leuten Anstoß; er ist ein Hexenmeister, ein Mensch, der dem Aberglauben huldigt, der mit bösen Geistern umgeht. Nein, ich bin ein Magier, und ein Magier bedeutet, wie jeder Gelehrte weiß, keinen Zauberer, keinen Abergläubischen, keinen, der mit bösen Geistern im Bunde steht, sondern einen Weisen, einen Priester, einen Propheten (*"De occulta philosophia"* , I, 2).

Diesem Bekenntnis zur Magie folgen Bemerkungen darüber, daß im Altertum der Name "Magie" bei Philosophen und Theologen in Ehren stand und sogar im Evangelium nicht unwillkommen war. Magier haben viele Spuren in der Geschichte hinterlassen. Große Magier sind für den Kölner auch die heiligen drei Könige, die die Geburt des Erlösers voraussahen und eigentlich Magier oder zumindest Sterndeuter waren. Für die Leser hält Nettesheim einige Ratschläge parat, wie sie das Werk angesichts einiger Ungereimtheiten aufnehmen sollen: "Verwerfet jedoch deswegen den übrigen Inhalt nicht, denn auch die Schriften der Ärzte sprechen sowohl von den Heilmitteln als von den Giften. Ich gebe zu, daß die Magie viel Überflüssiges, viel prunkende Wunder lehrt; lasset dies als eitel beiseite liegen, machet Euch jedoch mit den Ursachen davon bekannt. Was dagegen zum Nutzen der Menschen, zur Abwendung von Unglück, zur Zerstörung von Zauberwerk, zur Heilung von Krankheiten, Vertreibung von Gespenstern, Erhaltung des Lebens und der Ehre und zum zeitlichen Wohlergehen, ohne Gott oder die Religion zu beleidigen, geschehen kann, wer wollte dies nicht sowohl für nützlich als für notwendig erachten?" (*"De occulta philosophia"* , I, 2f).

Der Abt Trithemius lobte die Gelehrsamkeit Agrippas und die hohe Qualität des Werkes. In einem Brief aus dem Jahre 1510, abgedruckt in der Ausgabe von 1533, versäumte er es aber nicht, im Falle einer Drucklegung auch zur Vorsicht vor Repressalien zu raten: "Nur den einen Rat möchte ich Euch noch geben, daß Ihr das Gemeine den Gemeinen, das Höhere aber und die Geheimnisse bloß hervorragenden Männern und vertrauten Freunden mitteilet. «Gib dem Ochsen Heu und nur dem Papagei Zucker!» Prüfet die Geister, damit Ihr nicht, wie es so vielen geht, den Ochsen unter die Füße geratet. Lebet glücklich, Freund,..." (*"De occulta philosophia"* , I, 8).
Mit dem Segen des Trithemius zirkulierten zu dessen Lebzeiten zunächst nur einige wenige Abschriften von *"De occulta philosophia"* in Gelehrtenkreisen, bis es im Laufe der Jahre immer mehr unautorisierte Abschriften und "wilde Kopien" gab. Das geheimnisvolle Buch ging so durch manche Hände und fand auf diesen, nicht immer nachvollziehbaren Wegen viele Leser.

Das Ersinnen von Zahlen- und Buchstabenrätseln, Geheimschriften, Kompositionsspielen von Zeichen und Ideen war für die symbolbezogene Diskurse liebenden Intellektuellen des 16. Jahrhunderts ein häufiger und prestigeträchtiger Zeitvertreib. Ernsthafte Betreiber der ars combinatora, also der auf Ramon Lull basierenden Bricolage-Kunst, waren darauf bedacht, mehrschichtige Gedankenverbindungen auf quasi mechanische Art zu symbolisieren. Man mußte zeichenhaft subsumierte Gedankenketten zeitsparend aufeinander folgen lassen, um ihnen zugleich Dauer zu verleihen. Dahinter stand der Wunsch, eine menschliche Universal- oder Ursprache zu finden, beziehungsweise ein Alphabet der Gedanken zu schaffen. Der Abt Trithemius, schon sehr jung in den Benediktinerorden eingetreten, galt als Kapazität auf dem Gebiet der Kombinationskunst und der Codierung von Geheimschriften.* Von seinem Können dürfte Agrippa während seines Aufenthaltes in Würzburg neben einigen wenigen Schülern ganz sicher profitiert haben. Bis zum Tod des Abtes im Jahr 1516 tauschte man Briefe mit Anregungen für eine erkenntnistheoretische Beschäftigung mit Aspekten der Magie aus. Auch sonst führten die Freunde der Magie manche Diskurse über Gott und die Welt.

In einem Punkt gingen die Meinungen der beiden Magieexperten allerdings auseinander: dem der Hexerei. Während Agrippa zeit seines Lebens ein entschiedener Gegner des Hexenglaubens war, vollendete Trithemius als Sachverständiger auf Befehl des Markgrafen von Brandenburg am 16. Oktober 1508 ein Gutachten über *"Gegner der Hexerei"*. In dieser erst 1585 zu Ingolstadt gedruckten Schrift zeigte sich der Abt von der Realität diabolischer Zauberei und schädlicher Hexerei überzeugt. Dabei stand er selbst in dem Ruf, zauberkundig zu sein. Auch von Kaiser Maximilian I., dem letzten Ritter, erhielt Trithemius den Auftrag, acht Fragen

* Über Trithemius wird demnächst ein Reader mit verschiedenen Beiträgen zu Leben und Werk im Verlag Clemens Zerling zu Berlin erscheinen.

zur Hexerei zu beantworten. 1510 vollbrachte der Mönch angeblich ein nekromantisches Zauberkunststück und ließ den Kaiser einen Schatten sehen, bei dem es sich um dessen verstorbene Gemahlin gehandelt haben soll. Als genealogischer Schmeichelredner von Rang mußte der gut bezahlte Abt den Beweis erbringen, wonach die Habsburger direkt von den trojanischen Helden abstammen könnten. Was für ein echt schwindelerregendes Zauberkunststück!

Aspekte von Ficinos naturmagischen Ideen tauchen neben Teilen von Picos und Reuchlins christlicher Kabbalistik in Agrippas groß angelegtem Sammelwerk auf. Das belebte Universum teilt er im ersten Kapitel von Buch eins in drei Teile ein: In der elementaren, körperlichen Welt hat der Magier mit einer naturbezogenen Magie der Ähnlichkeiten und Entsprechungen zu arbeiten. Der über der elementaren Welt befindlichen Himmelswelt kann man sich durch mathematisch-magische Operationen nähern. Im Stufenkosmos nimmt die überhimmlische oder geistige Welt die dritte Stelle ein. Sie ist durch numerologische Beschwörungen und zeremonielle Praktiken erreichbar. Gott hat das unendliche All aus dem Nichts geschaffen. Dies geschah kraft der Archetypen (ein von Agrippa bevorzugtes Wort) seines Geistes, die in der ganzen Schöpfung nachgebildet erscheinen. Da alle drei Welten belebt sind, stehen sie auch durch eine unendliche Zahl von Relationen miteinander in Verbindung. Das magische Universum besteht aus einer Hierarchie der Geister, die nach der hermetischen Lehre sämtliche Stufen des Seins durchdringen und ihrerseits sympathetisch durch Zahlen, Farben, Buchstaben etc., die ebenfalls magische Qualität aufweisen sollen, beeinflußbar sind. So stehen alle Körper, Wesen und Dinge in vitaler Wechselbeziehung zueinander. Vermittels der Magie kann der strebsame Mensch, der an allen Bereichen Anteil hat, "... auf denselben Stufen, durch die einzelnen Welten, zu der urbildlichen Welt selbst, dem Schöpfer aller Dinge und der ersten Ursache, von welcher alles ist und alles ausgeht, hinaufsteigen, und daß wir nicht nur die in den edleren Naturgegenständen schon vorhandenen Kräfte benützen, sondern noch überdies von oben herab neue an uns ziehen können. Deshalb suchen die Magier die Kräfte der Elementarwelt durch die verschiedenen Mischungen der natürlichen Dinge in der Medizin und Naturphilosophie; durch die Strahlen und Einflüsse der himmlischen Welt verbinden sie hierauf nach den Regeln der Astrologen und der Lehre der Mathematiker die himmlischen Kräfte mit jenen; sodann verstärken und befestigen sie dies alles vermittelst heiliger und religiöser Zeremonien durch die Gewalt der verschiedenen geistigen Wesen (Intelligenzen) (*"De occulta philosophia*", I, 12).

Das erste Kapitel taucht im Würzburger Urmanuskript aus dem Jahre 1510 noch nicht auf. Überhaupt sind in der Druckausgabe von 1533 viele Kapitel erweitert worden, während Nettesheim andererseits wohl nur wenige Kürzungen oder gar Streichungen vornahm.

"Was die Magie sei, aus welchen Teilen sie bestehe, und welche Eigenschaften ein Magier haben müsse", erörtert Agrippa im zweiten Kapitel. Für ihn ist die Magie eine Wissenschaft, auch eine rätselhafte Gabe Gottes und eine hohe Kunst. Er räumt ihr einen großen Stellenwert ein, da sie die Synthese verschiedener Disziplinen ermöglicht. "Die magische Wissenschaft, der so viele Kräfte zu Gebote stehen, und die eine Fülle der erhabensten Mysterien besitzt, umfaßt die tiefste Betrachtung der verborgensten Dinge, das Wesen, die Macht, die Beschaffenheit, den Stoff, die Kraft und die Kenntnis der ganzen Natur. Sie lehrt uns die Verschiedenheit und die Übereinstimmung der Dinge kennen. Daraus folgen ihre wunderbaren Wirkungen; indem sie die verschiedenen Kräfte miteinander vereinigt und überall das entsprechende Untere mit den Gaben und Kräften des Oberen verbindet und vermählt. Die Wissenschaft ist daher die vollkommenste und höchste, sie ist eine erhabene und heilige Philosophie, ja sie ist die absolute Vollendung der edelsten Philosophie. Jede regelmäßige Philosophie wird in Physik, Mathematik und Theologie geteilt" (*"De occulta philosophia*", I, 13).

Im dritten Kapitel schreibt Nettesheim über die vier Elemente Feuer, Wasser, Erde und Luft. Sie kommen in drei möglichen Formen vor. Auf der Erde unrein und vermischt, sind sie nur in den Gestirnen rein. Die dritte Komponente bilden zusammengesetzte und veränderbare Elemente, die als Träger aller Umwandlungen dienen. Die vier Elemente sind im Mikro- und Makrokosmos erhalten. Das nächste Kapitel beschreibt

LIBER SECVNDVS. CLXXIII.

SImilis per omnia ratio eſt tibi de ſtellis fixis habenda. Illud
ſcias, omnes ſtellas fixas eſſe ex ſignificatione & natura ſe-
ptem planetarum : ſed quædam ſunt de natura unius plane-
tæ, quædam uero duorum: hinc quotieſcunq; iungitur aliquis
planeta cum aliqua ſtellarum fixarum ſuæ naturæ, efficitur ſignificatio il-
lius ſtellæ potentior, & natura planetæ augmẽtatur : quòd ſi ſit ſtella duarũ
naturarum, qui fuerit cum ea fortior, illius natura uincet in ſignificatione,
utputa ſi ſit de natura Martis & Veneris, ſi fuerit Mars cum ea, uincet natu
ra Martis: ſi uero Venus cũ ea fuerit, natura Veneris ſuperabit. Dignoſcun
tur autẽ naturæ ſtellarum fixarũ ex coloribus earum, quemadmodũ illi cer
tis planetis congruunt, eisq́; adſcribuntur. Colores uero planetarũ ſunt: Sa
turni liuidus ſiue plumbeus, atq; cum hoc candens: Iouis citrinus iuxta pal-
lorem, & cum hoc clarus: Martis rubeus & igneus: Solis croceus, & cum ori
tur ardens, poſtea radians: Veneris albus, ſed lucifero candẽs, ueſpero reful-
gens: Mercurii radians, Lunæ blondus. Scias quoq; ſtellas fixas quantò ma
iores & lucidiores ſunt & apparent, tantò maior & fortior eſt eorum ſigni-
ficatio, ſicut ſunt ſtellæ quæ dicũtur apud Aſtrologos primæ & ſecũdæ ma-
gnitudinis. Ex his narrabo tibi aliquas potiores ad hanc facultatẽ, quę ſunt
Vmbilicus Andromedæ, in uigeſimoſecundo gradu Arietis, de natura Ve-
neris & Mercurii: alii Iouiam atq; Saturniam dicũt. Caput Algol, in decimo
octauo gradu Tauri, de natura Saturni & Iouis. Pleiades in eiuſdẽ gradu ui-
ceſimoſecundo, ſydus natura Lunare, & complexione Martiũ. Item in Ge-
minorum gradu tertio Aldeboram, de natura Martis & complexione Ve-
neris: ſed Hermes hanc locat in uigeſimoquinto Arietis. In eorundem Ge-
minorum gradu decimotertio Hircus, de natura Iouis & Saturni. In Can-
cri gradu ſeptimo, Canis maior, Venereus: in eiuſdem decimoſeptimo Ca-
nis minor, Mercurialis natura, & complexione Martius : in uigeſimopri-
mo gradu Leonis eſt ſtella regia quæ dicitur Cor leonis, de natura Iouis &
Martis. In Virginis gradu decimonono, Cauda urſæ maioris, Venerea &
Lunaris: in ſeptimo gradu Libræ, Ala corui dextra, & in eiuſdem decimoter
tio, Ala ſiniſtra, utraq; de natura Saturni & Martis: in eiuſdẽ gradu decimo-
ſexto Spica, Venerea & Mercurialis: in eiuſdem gradu decimoſeptimo, Al-
cameth, de natura Martis & Iouis : ſed huius cum luminare bene aſpexerit,
illius cum ex cõtrario. In Scorpionis gradu quarto, Elepheia, de natura Ve
neris & Martis: in Sagittarii gradu tertio, Cor ſcorpionis, de natura Martis
& Iouis: in Capricorni gradu VII. Vultur cadens, temperatus Mercurialis
& Venereus: in XVI. gradu Aquarii, Cauda capricorni, de natura Saturni &
Mercurii: in Piſciũ tertio, Humerus equi, de natura Iouis & Martis. Et erit
tibi generalis regula, ab unaquaq; ſtellarũ propria dona ſperare ipſa domi-
nãte: impediri uero, ipſa infortunata & oppoſito modo ſe habẽte, quod ſupe
rius oſtenſum eſt. Corpora enim cœleſtia quatenus ipſa feliciter uel infor-

P iii

Stellæ fixæ, planetarum naturæ ſortiuntur.

Stellarum fixarum naturæ unde dinoſcãtur.

Planetarum colores.

Stellæ fixæ lucidiores.

Originalseite aus "De Occulta Philosophia", 1531

die dreifache Ordnung der Elemente im Hinblick auf verschiedene Zahlenwerte. In Kapitel fünf stellt Nettesheim die Besonderheiten der Elemente Feuer und Erde vor. Meinungen von Plinius und Ansichten der Pythagoräer über diese Elemente und den Grad ihrer substantiellen Verdichtung in den drei Welten werden vorgestellt. Antike Feuerkulte finden eine kurze Erwähnung.

	אש Feuer	רוח Luft	מים Wasser	עפר Erde	Vier Elemente
	Wärme	Feuchtigkeit	Kälte	Trockenheit	Vier Eigenschaften
In der	Sommer	Frühling	Winter	Herbst	Vier Jahreszeiten
elementarischen	Morgen	Abend	Mitternacht	Mittag	Vier Weltgegenden
Welt,	Tiere	Pflanzen	Metalle	Steine	Vier Gattungen von gemischten Körpern
woher das Gesetz	Gehende —	Fliegende —	Schwimmende —	Kriechende —	Vier Tiergattungen
der Erzeugung und	Samen	Blüten	Blätter	Wurzeln	Vier den Elementen entsprechende Teile der Pflanzen
der Verwesung	Gold und Eisen	Kupfer und Zinn	Quecksilber	Blei und Silber	Den Elementen entsprechende Metalle
	Leuchtende und brennende —	Leichte und durchsichtige —	Helle und harte —	Schwere und undurchsichtige —	Den Elementen entsprechende Steine
	Vernunft	Geist	Seele	Leib	Vier Elemente des Menschen

"Von der wunderbaren Natur des Wassers, der Luft und der Winde" weiß Agrippa ausführlich im nächsten Kapitel zu berichten. Interessant sind die Bemerkungen über Luftspiegelungen als Ursache für Gesichte und Träume sowie als Hilfsmittel für Telepathie. "Auf ganz natürliche Art, ohne allen Aberglauben und ohne die Vermittlung irgend eines Geistes ist es möglich, daß ein Mensch dem anderen auf jede noch so weite, ja sogar unbekannte Entfernung in der kürzesten Zeit seine Gedanken mitteilen kann. Wenn auch die Zeit, innerhalb welcher dies geschieht, sich nicht genau abmessen läßt, so braucht man doch dazu in keinem Falle über vierundzwanzig Stunden. Ich verstehe dieses Kunststück und habe es öfter probiert; auch der Abt Tritheim versteht dasselbe und hat es einst ausgeübt" (*"De occulta philosophia"*, II, 20).

Die Kapitel sieben, acht und neun enthalten Informationen auf der Basis von wissenschaftlichem und mythischem Denken über Steine, Metalle, Pflanzen und Tiere als aus den Elementen zusammengesetzte Körper. Die Elemente sind überall vorhanden und bestimmen selbst den Charakter bzw. das Temperament der Menschen: "Das Benehmen und die Tätigkeit der Menschen richtet sich ebenfalls nach den Elementen: denn eine langsame und schwerfällige Bewegung gehört der Erde an; Furcht, Trägheit und Schläfrigkeit dem Wasser; Munterkeit und ein freundliches Benehmen der Luft; Heftigkeit und zorniges Aufbrausen dem Feuer. Die Elemente sind also die Grundlage von allem; aus ihnen besteht alles, und nach ihnen richtet sich alles, sie sind in allem und verbreiten ihre Kräfte durch alles" (*"De occulta philosophia"*, I, 29). In den höheren Welten sollen Elemente wirken, die mit den irdischen nichts gemein haben. Mit den irdischen Elementen lassen sich wunderliche Dinge herstellen.

"Wie die verborgenen Kräfte in die verschiedenen Arten der Naturgegenstände von den Ideen aus vermittelst der Weltseele und der Strahlen der Sterne einfließen, und welche Gegenstände solche Kräfte in besonderem Maß besitzen", davon berichtet Nettesheim in Kapitel 11 und führt zugleich eine Lehrmeinung der von ihm so geschätzten antiken Philosophen an: "Die Platoniker behaupten, alle Gegenstände unserer Welt seien die Abbilder oberer Ideen. Die Idee aber halten sie für die über Körper, Seele und Geist erhabene, einige, einfache, reine, unveränderliche, unteilbare, körperlose und ewige Form. Diese Natur schreiben sie allen Ideen zu" (*"De occulta philosophia"*, I, 35).

In diesem und in Kapitel 14 erwähnt Agrippa auch die Weltseele, die am göttlichen Geist teilhat. Der Weltgeist herrscht als einigendes Band der Kräfte in der elementalen Welt. Ihn muß sich der Magier für seine Operationen nutzbar machen. Die Weltseele ist von der gleichen Form wie die Welt selbst und so ähnlich, wie der menschliche Geist vermittels der menschlichen Seele auf alle Glieder des Körpers einwirkt, ebenso durchdringt die Weltseele dank des Weltgeists alle Teile des

Universums. Es kann nichts auf der Welt existieren, ohne nicht wenigstens einen Funken dieser universalen Kraft zu enthalten. Am wirksamsten waltet der Geist in den Dingen oder Wesen, in denen eine rege Seelentätigkeit vorherrscht und die nicht so sehr an die Materie gebunden sind. Der Weltgeist kann partiell aus Kräutern, Steinen und Metallen gewissermaßen "herausdestilliert" werden, womit sich die Alchimie befaßt.

Natürlich darf in einem Kompendium über die Bandbreite der magischen Künste auch die Alchimie nicht fehlen. Agrippa diskutiert sie in Kapitel 14 unter dem ihr eigenen Doppelaspekt zunächst als Möglichkeit zur Veredelung der menschlichen Seele mit Hilfe des Weltgeistes und dann als experimentelle Goldmacherkunst. Wieder erweist er sich als Theoretiker des Seelenlebens: "Da nun die Seele, das Primum mobile, selbständig und an und für sich beweglich, der Körper aber oder die Materie an und für sich bewegungslos und von der Seele selbst zu verschieden ist, deshalb sagen jene Philosophen, ist ein Mittelding nötig, das gleichsam kein Körper, sondern sozusagen schon Seele, umgekehrt gleichsam keine Seele, sondern sozusagen schon Körper sein muß, und wodurch die Seele mit dem Körper verbunden wird. Ein solches Medium ist der Weltgeist, den wir als die Quintessenz (fünfte Essenz) bezeichnen, denn er besteht nicht aus den vier Elementen, sondern steht als fünftes über und außer ihnen" (*"De occulta philosophia"*, II, 30).

Die alchimistische Praxis beschreibt Nettesheim aus eigener Erfahrung so: "Deshalb suchen die Alchimisten diesen Geist auch aus dem Silber und Golde auszuschneiden. Wenn derselbe richtig abgesondert und ausgezogen ist, und man bringt ihn nachher mit irgend einem Metall in Verbindung, so kann man augenblicklich Silber oder Gold hervorbringen. Auch wir verstehen dieses Geheimnis und haben schon die Ausübung desselben gesehen; aber wir konnten nicht mehr Gold machen, als das Gewicht des Goldes war, aus dem wir den Geist ausgezogen hatten. Denn da jener Geist die äußere und keine innere Form ist, so kann er nicht über sein Maß hinaus einen unvollkommenen Körper in einen vollkommenen verwandeln. Daß jedoch solches auf eine andere Weise geschehen könne, möchte ich keinesfalls verneinen" (*"De occulta philosophia"*, II, 31).

Über zeitgenössische Zauberformeln oder die ungelehrten Formen einer volkstümlich-sympathetischen Magie erfährt man in dem umfangreichen Werk relativ wenig, vielleicht weil Agrippa sie skeptisch einschätzte oder nichts von ihnen wissen wollte. Der Sympathiegedanke selbst ist aber trotzdem Bestandteil des Analogiedenkens im Rahmen der Gelehrtenmagie. Im Sympathieglauben wurzeln die magischen Gesetzmäßigkeiten der Ähnlichkeit ("similia similibus"), des Gegensatzes ("contraria contrariis") und das Gesetz der Stellvertretung ("pars pro toto"), für das im Text an verschiedenen Stellen allerlei Beispiele angeführt werden. Manchmal fällt die Analogisierung jedoch reichlich übertrieben aus, so zum Beispiel in Kapitel 16, wo es um fremde Gegenstände als Überträger von Charaktereigenschaften geht: "Man sagt, daß diejenige Person, welche das Kleid oder Hemd einer Hure anzieht oder den Spiegel, in dem sie sich täglich beschaute, bei sich hat, frech, furchtlos, unverschämt und unzüchtig werde" (*"De occulta philosophia"*, II, 36).

Die magische Qualität von natürlichen Dingen wird anhand hunderter Beispiele in den Kapiteln 17 bis 21 zwischen Sympathie und Antipathie erörtert. Nettesheim berücksichtigt dabei die Verwendung natürlicher Dinge für die hoch im Kurs stehende "medicina magica".

Die Kapitel 22 bis 39 behandeln die Fragen der Zuordnung von Elementen aus den drei Welten zur Planetenlehre. Tiere, Pflanzen, Mineralien, Metalle, Farben, Zahlen, menschliche Eigenschaften und sympathetische Wirkungen magischer Analogien werden jeweils den Aspekten eines der sieben Planeten zugeordnet. Naturkörper werden nach bekannten Mustern astrologisch inventarisiert. Bemerkenswert ist, daß Kapitel 32 einen langen Auszug aus der alten magischen Schrift *"Quadri partitum hermetis"* (Liber hermetis XV stellis) enthält.

Das knapp gehaltene Kapitel 34 "Wie wir durch die natürlichen Dinge und ihre Kräfte die Einflüsse und Kräfte der Himmelskörper anlocken und anziehen können" mündet gemäß des Analogiedenkens in ganz konkrete Ratschläge wie "Willst du z.B. die Kraft von der Sonne anziehen, so wähle unter den Pflanzen, Metallen, Steinen und Tieren die solarischen. Diese müssen angewandt werden, hauptsächlich aber solche, die in ihrem Verhältnisse zur Sonne obenanstehen, denn sie haben eine größere Wirkung. So wirst du von der Sonne durch ihre aufgenommenen Strahlen vermittelst der Weltgeister eine ganz besondere Kraft erlangen ("*De occulta philosophia*", I, 78).

In den Kapiteln 35 bis 39 wird die Stufenfolge Gott, Welt, Mensch unter diversen Aspekten wechselseitiger Beeinflussungen diskutiert. Agrippa erörtert die Mischungen der natürlichen Dinge, die Herstellung sympathetischer Tinten und "... wie die Wärme des Feuers die mit Zwiebelsaft oder Milch geschriebenen und unsichtbaren Buchstaben zum Vorscheine bringt, und wie die mit Bocksfett auf einen Stein geschriebenen, völlig verborgenen Buchstaben hervortreten und gleichsam ausgemeißelt erscheinen, sobald der Stein in Essig getaucht wird" ("*De occulta philosophia*", II, 54).

In seinem Mammutwerk erweist Agrippa auch dem angeblichen Zeitgenossen und Zauberkollegen von Moses, Hermes Trismegistos, seine Verehrung in vielen Textstellen. Dieser Geheimpatron der Renaissancemagier und priscus theologus galt nach alchimistischen Legenden als Stifter der sagenumwobenen "Tabula smaragdina", die das Entsprechungsgesetz "was oben ist, gleicht dem, was unten ist", wiedergibt. Mit dem Namen des "dreimalgroßen Grenzgängers Hermes" sind auch die magischen Operationen des "Lösens und Bindens" verknüpft (vgl. die abgedruckte Tafel). "Die Akademiker, Hermes Trismegistus, der Brahmane Jarchas und die hebräischen Kabbalisten behaupten: alles, was auf der untermondlichen Welt der Erzeugung und Verwesung unterworfen ist, befindet sich auch in der himmlischen Welt, jedoch auf himmli-

Die Wort der Geheimnüß des Hermetis

Wahrhafftig ist dieses, und ohn alle Verwickelung einiger Lügen, dasselbe was hierunten ist, ist dem gleich, das droben ist, dadurch erlanget und verrichtet werden wunderbare Wercke eines einigen Dinges. Gleich wie alle Dinge herkommen von Einem, durch Willen und Bedacht eines Einigen: Also sind von diesem Einen alle Dinge gemacht durch die Zusammensetzung. Sein Vater ist die Sonne, seine Mutter ist der Mond, der Wind hat ihn im Bauche getragen. Seine Ernährerin ist die Erde, eine Mutter aller Vollkommenheit. Seine Krafft ist perfect und vollkommen, wann er in Erde verwandelt wird. Die Erde solst du vom Feuer abscheiden, das Subtile und Dünne vom Groben und Dicken, und zwar klüglich mit rechter Masse und Weißheit. Dieses steiget von der Erden in den Himmel, und vom Himmel steiget es wiederum herunter in die Erde und bekommt die Krafft und Wirckung der Obern und Untern. Auf solche Weise wirst du erlangen die Herrlichkeit der ganzen Welt. Dahero wirst du von dir abtreiben alle Dunckelheit und Blindheit Denn die Stärcke benimmt den Preiß aller andern Stärke und Macht. Dann sie kan alle subtile, wie auch dicke und harte Dinge durchdringen und bezwingen. Auf solche Weise ist diese Welt geschaffen, und daher ist ihre Zusammensetzung wunderbarlich, und bringet wunderliche Wirckung, weil dieses der Weg ist, dadurch solche Wunderdinge zu wege gebracht werden. Und darum haben sie mich Hermes Trismegistus genennet, weil ich habe drey Theile der Weißheit der ganzen Welt. Also ist mein Wort zu Ende gebracht, so ich geredet habe vom Wercke der Sonnen.

Die Tabula Smaragdina
von Hermes Trismegistos.
Rosenkreuzer-Stich aus dem 17. Jahrhundert.
Bibliothèque Nationale (Imprimés)

sche Weise; ebenso in der geistigen Welt, allerdings in noch weit größerer Vollkommenheit, und endlich auf die vollkommenste Weise im Archetypus. In dieser Reihenfolge entspricht jedes Untere seinem Oberen und durch dieses dem Höchsten nach seiner Art; und es empfängt von den Himmeln jene himmlische Kraft, die man Quintessenz oder Weltgeist oder mittlere Natur nennt, von der geistigen Welt aber eine geistige und belebende Stärke, jede qualitative übersinnliche Kraft; vom Archetypus endlich erhält es durch diese Mittelstufen die Urkraft aller Vollkommenheit.

Daher kann jedes Ding auf unserer Welt in eine Beziehung zu den Gestirnen, von diesen aus zu ihren Intelligenzen und sodann zum Archetypus gesetzt werden, von welcher Ordnung die ganze Magie und alle geheime Philosophie abhängt ...

Diese Anziehung infolge der gegenseitigen Übereinstimmung der Dinge - des Oberen mit dem Unteren - nannten die Griechen Sympathie ...

Wird daher etwas Unteres in Bewegung gesetzt, so wird es auch das Obere, dem es entspricht, wie die Saiten einer wohlgestimmten Zitter" (*"De occulta philosophia"*, II, 56).

In Kapitel 42 findet man neben anderen Zaubermitteln das Rezept für einen Zaubertrank auf sympathetischer Basis, um berserkerhafte Kraft zu erlangen: "Ein Trank aus dem Gehirn eines Bären bereitet, und in dessen Schädel dargereicht, soll eine Bärenwut hervorrufen, so daß ein Mensch, der davon getrunken hat, sich in einen Bären verwandelt glaubt, alles vom Bärenstandpunkte aus beurteilt und in seiner Raserei verharrt, bis der Zauber des Trankes gelöst ist, ohne daß übrigens irgendein anderes Übel für den Betreffenden daraus entstände" (*"De occulta philosophia"*, II, 61).
Mehrere Kapitel behandeln rituelle Operationen der "magia naturalis" oder geben Anweisungen zu sympathetischen Krankheitsbehandlungen durch Anbinden, Anhängen, Berühren usw. Daß es für manche magische Operationen ganz besonders geeignete Orte der Transformation gibt, wird gleichfalls dargelegt.

In den folgenden Kapiteln stellt Agrippa klassische Orakeltechniken und die Grundlagen der elementaren Wahrsagekünste vor. Bizarrerweise scheint ihm sogar das menschliche Niesen deutungswürdig, da "das Nießen von einem heiligen Orte komme, nämlich aus dem Kopfe, in welchem der Verstand wohnt und tätig ist" (*"De occulta philosophia"*, I, 118).

Das 60. Kapitel handelt "von der Begeisterung und den Weissagungen, welche in wachem Zustande stattfinden, sowie von der Macht des melancholischen Temperamentes, wodurch bisweilen Dämonen in menschliche Körper gelockt werden".

Den Wechselbeziehungen zwischen Leib und Seele widmet Agrippa einige, zum Teil sehr modern anmutende Kapitel von *"De occulta philosophia"* . Ausgangspunkt seiner Überlegungen zum psychoaktiven Vermögen des Menschen ist dabei das Gegensatzpaar Lust versus Unlust, je nachdem, "Begehrungsvermögen der Seele". Wieder steht ein riesiger Fundus von Beispielen aus der Antike zur Verfügung, wenn es darum geht, gute von üblen Leidenschaften zu trennen. "Wie die Leidenschaften der Seele auch nach außen auf einen fremden Körper wirken", verfolgt Agrippa in Kapitel 65: "Die Leidenschaften der Seele, welche der Phantasie folgen, können, wenn sie heftig sind, nicht allein den eigenen Körper verändern, sondern ihre Wirkung kann sich auch auf einen fremden Körper erstrecken, so daß ... sie ebenso Krankheiten des Geistes oder Körpers heilen oder hervorrufen können.

Avicenna (980 - 1037) arabisch Ibn Sina, "Fürst" der mittelalterlichen Ärzte, auch Aristoteles der Araber genannt.
Initial einer mittelalterlichen Ärztehandschrift.

Die Leidenschaften der Seele sind die Hauptursache des Befindens des eigenen Körpers. Eine stark erhobene und durch lebhafte Einbildung erregte Seele bringt nicht allein ihrem eigenen, sondern auch fremden Körpern Gesundheit oder Krankheit" (*"De occulta philosophia"*, II, 86).

Der Gewährsmann Avicenna glaubt sogar, daß ein Kamel mit bloßer Einbildungskraft zu fällen sei, wenn man sich nur beharrlich genug anstrengt, es mental zum Umfallen zu bewegen. Treibt hier das für die Renaissancemagie so wichtige, ideell gedachte Konzept einer Seele ohne Grenzen seltsame Blüten? Das für jeden Adepten der magischen Kunst wichtige Fazit Agrippas lautet: "Es muß daher jeder, der in der Magie operieren will, die Eigentümlichkeit seiner Seele, ihre Kraft, ihr Maß, ihre Ordnung und ihren Grad im Universum wissen und kennenlernen" (*"De occulta philosophia"*, I, 160).

Nach diesem Ratschlag folgen mehrere Kapitel "von der wunderbaren Gewalt der Zauberformeln". Am Ende des ersten Buches von "*De occulta philosophia*" erwähnt Nettesheim im

Himmelszeichen, Planeten und Elemente	Hebräisch	Thaldäisch	Griechisch	Lateinisch
♈	ה		Β	B
♉	ז		Γ	C
♊	ח		Δ	D
♋	ט		Ζ	F
♌	ל		Κ	G
♍	מ		Λ	L
♎	מ		Μ	M
♏	ס		Ν	N
♐	ע		Π	P
♑	צ		Ρ	R
♒	ק		Σ	S
♓	ש		Τ	T
|	ב		Α	A
♃	ג		Ε	E
♂	ד		Η	I
☉	כ		Ι	O
♀	פ		Ο	U
☿	ר		Υ	J
☽	ת		Ω	V
Erde	א		Θ	K
Wasser	ו		Ξ	Q
Luft			Φ	X
Feuer	י		Χ	Z
Geist			Ψ	H

Aus:
Agrippa von Nettesheim, Die Magischen Werke,
Wiesbaden 1982.

Schlußkapitel über die Schrift* noch die Möglichkeit von ekstatischen Meditationen über Buchstabenkombinationen, wie sie besonders seit dem 13. Jahrhundert unter dem Einfluß des katalanischen Mystikers Ramon Lull (1232-ca.1316) verbreitet war. Die Schriften dieses berühmten Mannes hatte Nettesheim ausgiebig in Paris studiert, wobei er sogar einen später auch veröffentlichten Kommentar verfaßte.

Im zweiten Buch von "*De occulta philosophia*" liefert Agrippa in freier künstlerischer Gestaltung viele Beispiele für eine vielseitige Beschäftigung mit pythagoräischen Zahlenmysterien und Aspekten der numerologischen Magie. Die ersten 15 Kapitel handeln die Zahlen und ihre Leiter von 1 bis 12 in ihrer Bedeutung für die operative Himmelsmagie ab.

Systematische Skalen, geometrische Figuren, figurierte Zahlen, magische Quadrate und Planetenzeichen werden als Ergänzung zum Text aufgeführt (vgl. auch die Abbildungen in diesem Kapitel). Anweisungen zur Herstellung von Talismanen, auf die eine aufstrebende Talismanologie auch später noch zurückgreifen konnte, fehlen ebenfalls nicht. Das erste Kapitel enthält nach einem Lob auf Mathematik und die Mechanik Beispiele für die grandiose Baukunst der Alten und deren Wissen um die Macht der Zahlen unter Anspielung auf Stonehenge, bevor Agrippa sich in den folgenden Kapiteln den einzelnen Zahlen zuwendet. Immer bringt Agrippa sein Bemühen um eine Rehabilitierung der alten Magie zum Ausdruck. Bei dieser Gelegenheit wettert er gegen Aberglauben und Unbildung seiner Zeitgenossen: "Sobald die Leute irgendetwas Außerordentliches sehen, suchen sie in ihrer Unwissenheit die Urheberschaft davon bei den Dämonen und halten das für ein Wunder, was das Werk natürlicher oder mathematischer Wissenschaften ist" ("*De occulta philosophia*", II, 17).

* "Von dem Verhältnisse, der Übereinstimmung und Zurückführung der Buchstaben auf Himmelszeichen und Planeten nach verschiedenen Sprachen, nebst einer erläuternden Tabelle".

Ab Kapitel 17 beschäftigt sich Agrippa mit Zahlenzeichen im Kulturvergleich römischer, griechischer und hebräischer Auffassungen. Auch arabische Quellen zur Numerologie werden vorgestellt. Zudem greift er im Text immer wieder auf Ansichten der Pythagoräer zurück. Überhaupt wird Pythagoras (580-493), der mystische Philosoph und findige Mathematiker aus Samos, häufig als Autorität vorgestellt. Er soll Sphärenharmonie, Eurythmie, Seelenwanderung und die Wiederkehr des immer Gleichen gelehrt haben. Zudem stellte Pythagoras den nach ihm benannten wichtigen Lehrsatz der Geometrie auf und soll der Nachwelt angeblich sogenannte "Goldene Verse" hinterlassen haben, wofür aber letztendlich schlüssige Beweise fehlen. Pythagoras soll nicht nur in Griechenland, sondern auch in Unteritalien gelebt haben.

Mehrere andere Kapitel enthalten Beispiele "der musikalischen Harmonie, ihren Eigenschaften und ihrer Macht", um zu einer generellen Beschreibung einer im Sinne der zeitgenössischen Kunsttheorie idealisierten "harmonia mundi" zu gelangen. Hier wird die Meinung vertreten, daß dem Kosmos schon aufgrund seiner harmonischen Maße eine Sphärenmusik entströmen müsse. "Von dem Verhältnisse, dem Maße und der Harmonie des menschlichen Körperbaues" aus mikro- und makrokosmischer Sicht erfährt der Leser viele Informationen in Kapitel 27. Über die symbolische Bedeutung des Fünfsterns als Zeichen des Pentagramm-Menschen oder Mikrokosmos berichtet Agrippa: "Beschreibt man nun von diesem Mittelpunkt aus einen Kreis über den Scheitel und senkt die Arme so weit herab, bis die Fingerspitzen die Peripherie des Kreises berühren, wobei die Füße in derselben Entfernung von einander an den Umkreis zu stellen sind, in welcher die Fingerspitzen von dem Scheitel abstehen, so wird hierdurch der Kreis in fünf gleiche Teile geteilt und ein vollkommenes Fünfeck hergestellt, sowie die beiden Fersen in Verbindung mit dem Nabel ein gleichseitiges Dreieck bilden" (*"De occulta philosophia"*, II, 114).

Im Felsendom des französischen Montségur ist drei Meter über dem großen Altartisch ein Fünfeck in den Stein gehauen. Es soll die Gestalt des sich seiner selbst und der Welt bewußt werdenden Menschen symbolisieren. Dort konnte während der Messe und zu anderen Anlässen ein Mensch in der Pentagrammstellung stehen.

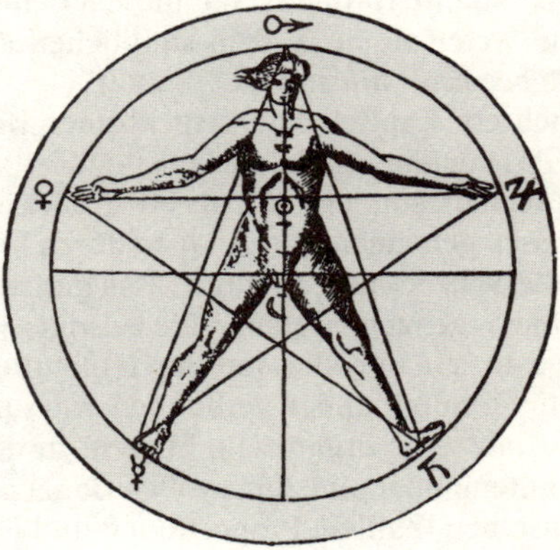

Pentagramm als lineares Abbild des Menschen.
Aus: Agrippa von Nettesheim,
Die Magischen Werke.

Agrippa verknüpft seine Theologie der Seele mit der Frage nach der Willensfreiheit auf der Basis der menschlichen Vernunft. In Kapitel 29 heißt es zu diesem Punkt: "Die Vernunft nämlich zeigt dem Willen den Weg, wie das Licht dem Auge, treibt ihn jedoch nicht, sondern er bleibt Herr seines Tuns, weshalb er auch der freie Wille heißt. Obwohl er nun zwar stets nach dem Guten, als dem ihm angemessenen Ziel strebt, so wählt er doch bisweilen, durch Irrtum geblendet und von der Sinnlichkeit mißleitet, das Böse, indem er es für das Gute hält. Der freie Wille wird daher definiert als ein Vermögen der Vernunft, wodurch mit Beihilfe der Gnade das Gute gewählt wird, ohne dieselbe aber das Böse. Die Gnade selbst, die von den Theologen auch die Liebe Gottes genannt wird, ist die

erste bewegende Ursache im Willen, und ohne sie löst sich alle Harmonie in Mißklang auf. Die Seele entspricht ferner der Erde durch das Gefühl; dem Wasser durch die Einbildungskraft; der Luft durch die Vernunft; dem Himmel durch den Verstand, und ihre Harmonie mit diesem richtet sich nach dem Maße, in welchem sie in dem sterblichen Körper Platz greifen" (*"De occulta philosophia"*, I, 282).
Es folgen mehrere Kapitel über Aspekte der Harmonie im Kosmos. Für das neuplatonische Gedankenmodell war die Erde keinesfalls unbelebt, sondern galt als ein großer lebender Organismus, dessen geheimem Wissen man durch Verbindungsdenken auf die Spur kommen konnte. Das ganze Universum schien von einer regelrechten Hierarchie geistiger Wesenheiten durchdrungen zu sein, die allesamt durch okkulte Sympathien und Einflüsse miteinander verbunden waren. So bildete der ganze Kosmos eine organische Einheit, in der alle Teile harmonisch miteinander und zum großen Ganzen korrespondierten. Buchstaben, Zahlen, Proportionen und Farben besaßen ebenfalls die magische Qualität der Korrespondenz. Seit jeher war Agrippa von dem Facettenreichtum des Korrespondenzgedankens ("pars pro toto" und "wie oben, so unten") fasziniert, deshalb stellt seine *"De occulta philosophia"* auch einen frühen Systematisierungsversuch des neuplatonischen Gedankengutes dar. Ihn interessierte dabei zunächst die den okkulten Qualitäten der elementaren Welt nachspürende "magia naturalis" als Wissenschaft und Philosophie von den göttlichen Kräften der Natur und der Schöpfung. Darüber stand die Himmelsmagie, die sich auch mit den Einflüssen der Sterne zu beschäftigen hat. Als dritte Komponente garantierte die zeremonielle Magie die praktische Nutzung des magischen Wissens und Wollens für Orakel, Sympathiezauber und rituelle Operationen zur Erlangung spiritueller Hilfe.

Über die Beseelung der Himmelskörper schreibt Agrippa in Kapitel 55: "Da der Himmel und die Himmelskörper einen kräftigen Einfluß und eine unverkennbare Einwirkung auf die Dinge unserer Welt äußern, so müssen sie notwendig beseelt sein, indem von einem reinen Körper keine derartige Wirkung ausgehen kann. Die ausgezeichnetsten Dichter und Philosophen behaupten daher insgesamt, daß sowohl die Welt als auch die Himmelskörper eine Seele und zwar eine vernünftige Seele besitzen" (*"De occulta philosophia"*, II, 119).

Nun folgen Zitate und Aussprüche von Dichtern und Philosophen über die Allbeseelung des Kosmos: "... denn die Vollkommenheit des Körpers ist die Seele, und je vollkommener ein Körper ist, eine desto vollkommenere Seele besitzt er. Die himmlischen Körper müssen daher als die vollkommensten notwendig auch die vollkommensten Seelen haben" (*"De occulta philosophia"*, II, 119).

In den beiden vorletzten Kapiteln erörtert Nettesheim magische Affinitäten zwischen den himmlischen Gestirnen und den menschlichen Körperteilen. Es folgt eine Aufzählung von Beinamen und Anrufungen der sieben Planetengötter nach antiken Quellen.

Das 60. und letzte Kapitel des zweiten Buches von *"De occulta philosophia"* verrät, "wie die Zaubersprüche und Beschwörungen auf eine natürliche Weise ihre Kräfte den äußeren Dingen eindrücken, und wie die menschliche Seele durch die einzelnen Grade der Unterordnungen zur geistigen Welt hinaufsteigt und den höheren Geistern und Intelligenzen ähnlich wird". Dieses Schlußkapitel behandelt weitere Möglichkeiten von Anrufungen. Es nimmt den Inhalt des dritten Buches von *"De occulta philosophia"* zusammenfassend vorweg.

Das dritte Buch behandelt die Zeremonialmagie und ist vielleicht das wichtigste des gesamten Werkes. Wie bereits im Brief an Trithemius angedeutet, geht es Agrippa auch hier um die Rehabilitierung des Begriffes "magia". "Die Kenntnis der göttlichen Dinge aber reinigt den Geist von Irrtümern, macht ihn göttlich, verleiht unsern Werken eine unfehlbare Kraft, hält den Trug und die Hindernisse, welche uns die bösen Dämonen bereiten können, ferne, und unterwirft dieselben zugleich unserem Willen; die guten Engel dagegen und alle Kräfte der Welt macht sie uns dienstbar, indem wir vom Archetypus selbst unsere Kraft erlangen: denn wenn wir zu diesem aufsteigen, so muß notwendig jede Kreatur uns gehorchen, und es folgt uns der ganze himmlische Chor" (*"De occulta philosophia"* , I, 348).

Hinter solch stolzen Sätzen vermuteten Agrippas Feinde natürlich gleich die unverhohlene Absicht der Selbstvergötterung, schwebte der Magier doch stets in der Versuchung, sich über die Begrenztheiten der Geschöpflichkeit hinwegzuheben.

Das dritte Buch beginnt mit einem langen laientheologischen Exkurs über die "Notwendigkeit, der Kraft und dem Nutzen der Religion" im ersten Kapitel. Der Vergleich zwischen christlichen und neuplatonischen Anschauungen soll nach Agrippas Intention in diesem Abschnitt betont versöhnlich ausfallen. Auch Kapitel zwei über religiöse Geheimnisse liest sich teilweise wie ein Versöhnungsangebot an die Vertreter orthodoxer Standpunkte, wenn Nettesheim beispielsweise sagt, daß die Religion nach außen hin sichtbares Zeichen einer inneren Einstellung sein soll.

Was soll der Magiosoph für sich behalten, was darf er fremden Händen zuspielen? "Ein Magier muß also, wenn er einen Erfolg erlangen will, verschwiegen sein, und darf weder sein Werk, noch Ort und Zeit, noch sein Verlangen oder seinen Willen jemanden wissen lassen, außer seinen Lehrer oder Gehilfen oder Gesellschafter..." (*"De occulta philosophia"*, I, 355). An diese im großen Werk empfohlene Vorsichtsmaßregel hat sich Agrippa selbst nur selten gehalten, was zur Heraufbeschwörung von allerhand Schwierigkeiten führen mußte. Im vierten Kapitel redet Agrippa von den beiden Hilfsmitteln bei der zeremoniellen Magie, der Religion und Superstition, wobei er behauptet, daß auch der Aberglaube ("superstitio") ein untrennbarer Teil von der Religion sei. Kapitel fünf und sechs sprechen recht allgemein von Glaube, Liebe, Hoffnung in ihrer Eigenschaft als Führungskräfte der menschlichen Seele.

In den weiteren Kapiteln werden antike Vorstellungen von göttlicher Dreieinigkeit mit christlichen Ansichten über die heilige Dreifaltigkeit parallelisiert. Im zehnten Kapitel spricht Nettesheim "von den göttlichen Emanationen, welche die Hebräer Zahlen, andere Attribute, Heidengötter und himmlische Mächte nannten; ferner von den zehn Sephiroth, sowie von den zehn heiligsten Namen Gottes, welche ihnen vorstehen, und ihrer Erklärung" ("*De occulta philosophia*", I, 371). Auch das nächste Kapitel spricht von den Gottesnamen aus kabbalistischer Sicht unter Verweis auf hebräische Pergamentamulette und die bekannte dreieckige Schwundformel gegen Krankheiten:

a b r a c a d a b r a
a b r a c a d a b r
a b r a c a d a b
a b r a c a d a
a b r a c a d
a b r a c a
a b r a c
a b r a
a b r
a b
a

Im 12. Kapitel bringt Agrippa wieder einen Versöhnungsversuch mit der Orthodoxie vor, wenn er die Wunderkraft der christlichen Kabbala auf den Namen Jesu zurückführt, der sämtliche Kräfte der früher wirksamen kabbalistischen Namen in sich vereinigt und auf sich gezogen hat. Ohne ihn kann keine magische Operation durchgeführt werden. "Gewiß hätte Christus nicht zu seinen Jüngern gesagt: In meinem Namen werden sie Teufel austreiben usw., wenn nicht eine Gewalt über Dämonen, Kranke, Schlangen, Gifte, neue Sprachen und dergleichen in diesem Namen läge: eine Gewalt, die sowohl vermöge der Kraft Gottes, als auch vermöge der Kraft dessen, der mit diesem Namen bezeichnet wird, sowie endlich wegen der dem Worte selbst innewohnenden Kraft in dem Namen Jesu liegt" (*"De occulta philosophia"*, I, 385).

In den nächsten Kapiteln will Nettesheim durch eine Montage von Zitaten aus bekannten und weniger bekannten Quellen zeigen, daß es dem katholischen Glauben nicht generell widerspricht, den verschiedenen Sphären und Himmelskörpern auch Seelen zuzusprechen.

Zu Beginn des 16. Kapitels redet Agrippa von den Intelligenzen als von Körperlichkeit freien Geistern, die man zu der intellektuellen und himmlischen Welt zählen muß. Es folgen Details darüber, wie die Intelligenzen den einzelnen Weltsphären zuzuordnen sind und welche Dämonen der sublunarischen Welt angehören. In Kapitel 17 werden erneut kabbalistische Gottesnamen und Engelschöre aufgezählt. Die in Kapitel 18 besprochenen unterirdischen Dämonen teilt Nettesheim nach der über sie verfügbaren Literatur in neun Grade ein. "Von den Körpern der Dämonen" handelt der nächste Abschnitt, bevor es auf vielen Seiten um die Schutzgeister des Menschen und operative Möglichkeiten der Engelsmagie geht. Im Hebräischen sieht Agrippa eine Ur- und Engelssprache, mit der sich im Spiel mit den Zahlenwerten der Buchstaben und Worte gut experimentieren läßt.

Das Kapitel 24 enthält eine Aufzählung der Engelnamen in Verbindung zu den sieben Planeten, 12 Zeichen, 28 Mondstationen, vier Elementen und vier Teilen der Welt. Auch die von Trithemius für Kaiser Maximilian geschriebene Weltalterlehre findet Erwähnung. An anderer Stelle behauptet Nettesheim, daß seinem Freund und Dialogpartner in Sachen Magie, Trithemius, durch einen prophetischen Lehrtraum 1499 die Grundlagen für seine ab 1505 aufgeschriebene *"Steganographia"* übermittelt wurden, die in verschlüsselter Form Grundlagen für Engelsbeschwörungen enthält.

Im 24. Kapitel lassen sich auch kurios anmutende Beispiele für Wetterzauber finden: "Ich weiß aus Erfahrung, wie jemand den Namen und das Siegel eines Geistes auf Jungfernpergament in der Stunde des Mondes schrieb, das Pergament sodann einem Wasserfrosche zu fressen gab, eine Formel dazu murmelte und den Frosch ins Wasser springen ließ, worauf bald ein starker Regen entstand.

Eben derselbe schrieb in meiner Gegenwart den Namen eines anderen Geistes nebst dessen Siegel in der Stunde des Mars auf und gab das Geschriebene einem Raben, den er nach Hermurmelung einer Formel frei ließ, worauf sogleich von derjenigen Himmelsgegend, nach welcher der Rabe geflogen war, ein schweres Gewitter unter starken Blitzen und fürchterlichen Donnerschlägen erfolgte" (*"De occulta philosophia"*, II, 129).

Kapitel 25 bietet eine Reihe von Kombinations-, Zahlen- und Buchstabenversetzungstafeln für kabbalistische Zwekke. Bezüge zu den bereits genannten Arbeiten Reuchlins werden gleichfalls hergestellt. In den folgenden Kapiteln spricht Agrippa von den Kryptogrammen und Siegeln der Geister. "Nicht als ob wir durch Charaktere, Figuren und Siegel die Geister auf irgendeine Weise herbeiziehen könnten, sondern damit wir durch dieselben zu ihnen emporsteigen, insofern wir durch solche unbekannte Charaktere und Figuren sowohl unsere inneren als äußeren Sinne auf jene richten, sodann von Staunen ergriffen zu ihrer religiösen Verehrung hingezogen und in eine ekstatische Andacht versetzt werden, wo wir mit wunderwirkendem Glauben, untrüglicher Hoffnung und lebendig machender Liebe dieselben im Geist und in der Wahrheit bei ihren wahren Namen und Charakteren anrufen und die verlangte Kraft von ihnen erhalten" (*"De occulta philosophia"*, II,131).

Nach der langen theologischen Einleitung des Buches und den Abschnitten über die Kabbala kommt Agrippa ab Kapitel 34 auf die eigentlichen Themen des dritten Buches zu sprechen, nämlich auf die mystischen Lehren sowie Aspekte der

Theurgie. Kapitel 34 und 35 sind im Originalmanuskript von 1510 noch nicht enthalten.

Im Kapitel 50 findet sich sogar eine Mutmaßung über Schamanismus und die ekstatische Seelenreise lappischer Schamanen: "Noch heutzutage trifft man bei den Norwegern und Lappen sehr häufig Personen, die sich volle drei Tage von ihrem Körper zu trennen imstande sind und zurückgekehrt aus fernen Gegenden vieles verkündigen" (*"De occulta philosophia"*, II, 137). Die mystische Ekstase ist der Erhebung der menschlichen Seele in verschiedenen Kulturen gleichermaßen dienlich.

Eine Reihe von weiteren Kapiteln kreist um die Möglichkeiten einer Erhebung und Steigerung des menschlichen Bewußtseins mittels Verzückung, Ekstase, oder prophetischem Traum. In dem erst 1533 zur Druckvorlage hinzugekommenem Kapitel 52 spricht Agrippa von Möglichkeiten der Zukunftsdeutung durch Würfel- und Losorakel.

Die nächsten Kapitel beschäftigen sich im Rahmen von Agrippas mystischem Offenbarungsglauben mit den für den Aufstieg der Seele notwendigen ethischen Voraussetzungen der Theurgie. Gemütsruhe, Fasten und gewollte Einsamkeit spielen in diesem Zusammenhang eine wichtige Rolle zur Vorbereitung auf magische Operationen. Ein lyrischer Text zur Verbannung der Leidenschaften taucht im 55. Kapitel auf:

> "Willst du mit Klarheit
> Sehen das Wahre
> Und den Geraden
> Pfad nicht verlieren
> Mußt du verbannen
> Schmerz und Besorgnis
> Freude und Hoffnung;
> Denn deine Seele
> Schmachtet in Fesseln
> Und ist umnebelt,
> Wenn diese herrschen"
> (*"De occulta philosophia"*, I, 525).

"Der Magier",
Radierung von Rembrandt van Rijn,
um 1632

Interessant ist Agrippas Plädoyer für ein großzügiges Almosengeben in Kapitel 56, das er gar neben der Buße ein "Sakrament der Versöhnung" nennt. Damit wendet er sich auch gegen die in den städtischen Lebensräumen verschärften obrigkeitlichen Restriktionen wider die Bettel- und Almosenpraxis.

Kapitel 57 listet die Ingredienzen zu Salben und Räucherungen auf, die der rituellen Reinigung dienlich sein sollen. Dazu gehören zum Beispiel die kostspielige Myrrhe, Olivenzweige, Eisenkraut. Zur Vertreibung böser Geister wird die in Rauch aufgelöste schwarze Galle eines Hundes als Mittel gegen Zauberei empfohlen. Der Rauch von Federn eines Wiedehopfes soll die Vertreibung von Gespenstern beschleunigen. Die Ritusanzeige zur gefahrlosen Gewinnung der Mandragora, wonach ein angeleinter Hund die begehrte Wurzel aus der Erde ziehen muß, wird ebenfalls erwähnt. Gebete, Gelübde und Opfer werden in der Bandbreite ihrer möglichen Wirkungen diskutiert. Im 59. Kapitel wartet Agrippa sogar mit einer interessanten archäologischen Abhandlung über die antike Opferpraxis und einige in Unsterblichkeitsspeise verwandelte Opfergaben auf.

Das Schlußkapitel enthält Bemerkungen zum Aufbau des Buches aus den Überlieferungen alter Autoren. Geordnetes steht neben Ungeordnetem in diesem aus vielen Quellen zusammengetragenen Buch. Manches mußte bruchstückhaft bleiben, anderes wurde absichtlich verdunkelt. Gelegentlich kommt es zu Wiederholungen, was angesichts der Stoffülle nicht zu vermeiden war. Die Unordnung im Buch soll Toren und übelwollende Verleumder verwirren; die Verständigen werden sich in ihrem Lerneifer nicht irritieren lassen, so mutmaßt Agrippa. "Ihr aber, Söhne der Wissenschaft und Weisheit, forschet in diesem Buche und suchet unsere zerstreute Meinung, die wir an verschiedenen Orten vorgetragen haben, zusammen, denn was an der einen Stelle euch verborgen ist, das haben wir an einer anderen geoffenbart, damit ihr nicht im Ungewissen darüber bleibet ...

Es möge mir aber niemand zürnen, wenn ich die Wahrheit dieser Wissenschaft an vielen Orten verstreut vorgetragen habe, denn nicht für die Weisen, sondern für die Gottlosen habe ich dieselbe verborgen ..., daß sie zwar den Unverständigen verborgen bleiben soll, den Weisen dagegen leicht zugänglich gemacht ist" (*"De occulta philosophia"*, II, 150).

Ein zweifacher Appendix, bestehend aus drei Briefen und den Kapiteln 41 bis 48 wider die Magie aus *"De vanitate..."*, folgt auf die Schlußrede im Kölner Druck aus dem Jahre 1533. Interessant ist der dritte, auf den 13. II. 1528 datierte Brief aus Paris, den Agrippa einem Freund am Hofe Franz I. (vgl. *"Epistulae"*, V, 26) geschickt hatte. Spöttisch kritisiert Nettesheim, der sich damals ungerecht behandelt fühlte, König Franz und seine Höflinge, die nun schon mit magischen Mitteln, unter Verpflichtung eines ominösen Zauberers, versuchten, ihre Vorherrschaft nicht an die Habsburger zu verlieren. Manche haben eben lieber Steine als Nüsse zwischen den Zähnen.

Die Veröffentlichung des ersten Buches von *"De occulta philosophia"* im Jahre 1531 zu Antwerpen stieß auf ein großes, in ganz Europa geteiltes Echo. Sie rief eine Reihe von Gegnern, Befürwortern und später auch Nachahmern bzw. ungeschickten Plagiatoren auf den Plan. Die viel Diskussions- und Zündstoff bergenden Bücher zwei und drei konnten nur gegen den heftigen Widerstand der Inquisition und verschiedener theologischer Universitäten erscheinen.

"In unseren Büchern von der geheimen Philosophie haben wir den Ursprung der Magie, ihre Übereinstimmung mit dem rationellen Prinzip des Naturlebens, und wie man zur Erreichung gewisser Zwecke die geheimen Kräfte der Geisterwelt verwenden könne, weitläufig entwickelt. Weil aber dort mehr die Theorie als die Praxis berücksichtigt wurde, manches weniger vollständig, anderes in dunklen Bildern vorgetragen wurde, so haben wir in diesem Buche mehr den Laien uns zu nähern gestrebt, das dort Zerstreute hier im gedrängten Auszuge, welcher jenen Büchern gleichsam als Schlüssel dienen soll, wiedergegeben, und die magische Disziplin in allen ihren Teilen vervollständigt, so daß der Leser, erst wenn er dieses Buch kennengelernt hat, wirklichen Nutzen davon haben wird. Bewahre es aber als einen geheimen Schatz und beobachte ein unverbrüchliches Stillschweigen über dessen Inhalt" (*"De occulta philosophia"*, I, 558).

Diese Vorrede zum "vierten Buch" der okkulten Philosophie klingt nur bei der ersten Inaugenscheinnahme nach Agrippa. Im Jahre 1559 erschien das in seiner Autorenschaft umstrittene "vierte Buch" fast ein Vierteljahrhundert nach Agrippas Tod. Als angebliche "Ergänzung" voll Unklarheiten und stilistischen Ungereimtheiten trug es den Titel *"Henrici Cornelii Agrippae Liber Quartus de occulta Philosophia, seu de Cerimoniis Magicis Cui accesserunt, Elementa Magica Petri de Abano Philosophi. Marpurgi Anno Domini 1559"*. Höchstwahrscheinlich stammt dieses Büchlein zur Evokationsmagie nicht aus Agrippas Feder, auch wenn der unbekannte Verfasser Agrippa in der Vorrede als Sprecher auftauchen ließ. In seinem 1563 veröffentlichten Buch *"Über die Blendwerke der Dämonen"* bestritt Agrippas Famulus Johann Weyer die Verfasserschaft des Nettesheimers für das unausgegorene Büchlein, das möglicherweise bereits um 1550 im Erstdruck erschienen war.

III

Abenteuer in Italien

Im Jahr 1511 entschloß sich Agrippa nach Italien zu gehen, wo er sieben Jahre in Ausübung verschiedener Tätigkeiten verweilen sollte. Während dieser Zeit stand er in Abständen im Dienst des Kaisers Maximilian. Gelegentlich trat er als Universitätsdozent für Philosophie und als theologischer Gelehrter in Erscheinung.

Vor allem im 15. und 16. Jahrhundert galt Italien für Gelehrte, Künstler, Abenteurer und Studenten als *das* Dorado. Das gelobte Land lockte in jedem Jahr scharenweise die Nordeuropäer nach Süden. Dort eine gewisse Zeit gelebt zu haben, schien eine erstrebenswerte Auszeichnung für jeden halbwegs aufgeschlossenen Geist. Die Freude an der Freiheit des Reisens zog auch den jungen Agrippa über die Alpen nach Italien, dem zentralen Tummelplatz der Humanisten, apollinischen und dionysischen Philosophen, fahrenden Scholaren und Glücksritter.

Doch warf ein sinnloser Krieg ohne Sieger seine unheilvollen Schatten auf Norditalien. Im Mai 1509 loderte der Kampf um die Vorherrschaft in dieser Region erneut auf, nach einer Ruhepause von fast jährlich folgenden Allianzwechseln zwischen den großen Kontinentalmächten und den kleinen italienischen Stadtstaaten. Neuen Zündstoff für den langen Krieg lieferte 1511 die Gründung der "Heiligen Liga" durch den Vatikan, Spanien, England und Venedig gegen Frankreich und dessen italienische Verbündete. Nachdem die Franzosen im April 1512 in der Schlacht von Ravenna siegreich geblieben waren, trat auch Kaiser Maxilian I., der schon längst Truppen zur Unterstützung der Franzosen in Italien stationiert hatte, dem politischen Zweckbündnis bei. Tatsächlich mußte das französische Heer vorübergehend abziehen, bevor

Franz I. (1494 -1547) als neuer französischer König den Krieg 1515 direkt nach seiner Krönung wieder aufnahm.

Nach eigenen Angaben trat Agrippa 1511 als kaiserlicher Offizier in Triest auf, um eine schwer bewachte Kriegskasse mit einer Schiffsladung voll Gold nach Italien zu begleiten. Angeblich nahm er auch an einer Schlacht des kaiserlichen Heeres gegen die Venetianer teil und wurde noch auf dem Kampfplatz zum Ritter geschlagen. Ansonsten war Agrippa aber kein Freund kriegerischer Auseinandersetzungen oder Menschenschlächterei.

Im April 1512 hielt sich Nettesheim im norditalienischen Borgo Lavezzaro auf, nachdem er in diplomatischer Mission und als Theologe den Kardinal von Santa Croce zum Konzil von Pisa begleitet hatte. Auf dem mit der religionspolitischen Lage beschäftigten Konzil verfolgte Agrippa auch persönliche Interessen, doch konnte er diese letzte Möglichkeit für eine schlichtende Verständigung mit der Kirche nicht nutzen, da das schismatische Konzil von Pisa wegen politischer Streitigkeiten überraschend abgebrochen wurde. Der Versuch des französischen Königs, gemeinsam mit Kaiser Maximilian, den kriegerischen Papst Julius II. (1443-1515) absetzen zu lassen, war kläglich gescheitert. Agrippas Vorstoß für eine Entschärfung seiner persönlichen Streitigkeiten mit der Kirche blieb vergeblich, obwohl er von Julius' Nachfolger Leo X. (Giovanni de Medici, 1475-1521) einen freundlichen Brief mit Belobigungsschreiben erhielt.

Den kriegerischen Papst Julius II. und sein wenig segensreiches Wirken im Ablaßgeschäft nahm der große Gelehrte und Bibelhumanist Erasmus von Rotterdam (1449-1536) 1513 oder 1514 in einer scharfen Gelegenheitsschrift aufs Korn. In dem Dialogtext "*Julius exclusus e coelis*" verweigert der Apostel Petrus als Hüter der Schwelle dem kriegsbegeisterten Papst Julius nach

Ironische Selbstkarikatur von Erasmus (um 1510)

dessen Ableben den Zugang zum Himmelreich. Die Kontrahenten liefern sich ein wortgewaltiges Streitgespräch über den Zustand der verweltlichten Kirche des frühen 16. Jahrhunderts im Vergleich zur Lage der nach Frömmigkeit strebenden Urkirche. Der Kriegspapst droht dem Petrus schließlich mit der gewaltsamen Erstürmung des Himmels durch seine himmlischen Heere, falls man ihm den Zutritt zum Himmel verweigern wolle. Im unchristlichen Krieg um die Vorherrschaft der europäischen Mächte in Norditalien sah Erasmus *das* Unglück seiner Zeit schlechthin.

Lange Zeit führte der Kölner in Italien ein unstetes Wanderleben und reiste auf der Suche nach Protektion in verschiedene Städte und Landstriche. Wie lange und mit was für Aufträgen er tatsächlich in Kaiser Maximilians Diensten stand, läßt sich nicht mit Gewißheit sagen.

An der Universität von Pavia hielt Agrippa im Jahr 1515 eine Reihe von Vorlesungen über die kabbalistische Kunst, den Urweisen Hermes Trismegistos und die ihm zugeschriebenen Zauber- und Offenbarungsbücher. Im Mittelpunkt der Darlegungen standen die beiden hermetischen Schriften "*Picatrix*" und Marsilio Ficinos (1433-1499) Kommentar zum "*Pimander*". Ficino hatte als Leiter der von den Medicis geförderten "Platonischen Akademie" in mühevoller Arbeit neben Platos Werken die alte alexandrinische Sammlung synkretistisch-esoterischer Schriften "*Corpus hermeticum*" in die lateinische Sprache übersetzt. Die Gelehrtenwelt der Renaissance war überwiegend von der Wiederentdeckung dieser magisch-philosophischen Fusionstexte begeistert. Irrtümlicherweise glaubten viele Gelehrte der Frührenaissance, daß diese mystischen Eröffnungen einen vorchristlichen, präplatonischen Ursprung und somit die Platoniker als Hauptquelle inspiriert hätten. Die Wiederentdeckung und Übersetzung des "*Corpus hermeticum*" , das 1544 zu Paris in gedruckter Fassung erschien, bedeutete zugleich auch eine Wiederaufwertung der Magie, in der nun verstärkt jüdische neben ägyptisch-griechischen "Geheimtraditionen" eine wichtige Rolle spielten. Einem anderen Wiedererwecker des Platonismus, Pico della Mirandola (1463-1494), ging es auch darum, das durch die Mißwirtschaft der Papstkirche schwer geschädigte Christentum durch den Rückgriff auf heidnische Elemente aus der versunkenen antiken Welt und durch kabbalistische Denkformen erneuern zu helfen. Als Student hatte Agrippa Picos Schriften eifrig studiert, und in Italien ließ er sie in seine Vorlesungen einfließen, was ihm viel Beifall einbrachte.

Ende 1514 bzw. Anfang 1515 heiratete Nettesheim eine namentlich unbekannte Italienerin aus Pavia, mit der er ab 1517 einen Sohn hatte. Wahrscheinlich wurde Nettesheim auch an der Universität von Pavia zum Doktor beider Rechte und Doktor der Medizin promoviert. Zwischenzeitlich hielt er sich gelegentlich in Turin auf, wo er mit Vorträgen an der Universität zur Geschichte der Philosophie und über die paulinischen Briefe hervorstach.

Nach dem überraschenden Sieg der französischen Armee bei Marignano im September 1515 mußte Agrippa mit seiner Familie Hals über Kopf aus dem kurz vor dem Fall stehenden Pavia fliehen. Fast die gesamte Habe blieb dabei zurück und wurde das Opfer von marodierenden Plünderern. Wegen der Flucht ließ sich für den Philosophen nun auch kein Geld mehr an der Universität verdienen. Der Verlust des bescheidenen häuslichen Wohlstandes hätte sich wohl noch verschmerzen lassen, schwerer wog das Verschwinden einiger Manuskripte und seltener Bücher, die zu einem großen Teil nicht wieder auftauchen sollten. Das empfand Agrippa zwar als schmerzlich und barbarisch, doch hatte er seine Studenten in einer Vorlesung daran erinnert, daß "auch Barbaren nationale Menschen seien". Einem treuen Studenten gelang es, einige Papiere nach Luzern in die Schweiz zu retten.

Diesmal brauchte Nettesheim nicht lange auf der Straße zu stehen, fand er doch gleich einen an der okkulten Philosophie interessierten Mäzen. 1516 vollendete Agrippa das Traktat *"De triplici ratione cognoscendi Deum"*, das er diesem italienischen Gönner, dem Marquis de Monferrato, widmete. Im Text geht es um die Beschäftigung mit dem "Buch der Natur" sowie der wahren Erkenntnis Gottes aus den hermetischen Quellen. Wahrscheinlich hat Nettesheim dieses kleine Werk auf dem Schloß des gastfreundlichen Grafen verfaßt. Wie viele andere Gönner von Rang es später auch tun sollten, so versuchte der Marquis andere einflußreiche Leute für Agrippa zu interessieren. Doch sein früher Tod bereitete seinem Streben ein jähes Ende.

Im Jahr 1517 hielt Agrippa sich in Casale und in der Stadt Chambéry in Savoyen auf. Von dort aus versuchte er, Kontakt zum fürstlichen Hof zu knüpfen und seine Dienste anzubieten. Brieflich gingen einige Angebote für interessante Tätigkeiten bei ihm ein. Die einflußreiche Patrizierfamilie Laurencin aus Lyon schlug Nettesheim für die Besetzung einer gut dotierten Stelle im lothringischen Metz vor.

1518 stattete Agrippa seiner Vaterstadt Köln einen Besuch ab. Seine Eltern und Freunde waren überrascht, ihn nach den vielen Jahren der Abwesenheit gesund und munter zu sehen, kursierte doch am Rhein das Gerücht, Agrippa wäre in den italienischen Kriegswirren ums Leben gekommen.

Mit Zuversicht sah der langsam bekannter werdende Agrippa in die Zukunft. Trotz des gleichzeitig eingehenden Angebotes, als päpstlicher Legat in Avignon tätig zu werden, entschied sich Nettesheim für die Offerte der reichen Stadt Metz. Der Rat der Handels- und Kirchenstadt bot Agrippa eine Festanstellung bzw. ein Engagement als Stadtanwalt und Festredner an. Dort sollten die Dinge dann eine ganz andere Wendung nehmen als ursprünglich gedacht .

Schiffbruch der Kirche. Holzschnitt von Johann Lichtenberger, 1497

IV

Wider den Richtgeist der Hexenmacher

Im Februar 1518 zog der 32jährige Agrippa mit Frau und Kind nach Metz, um dort sein neues Amt als Stadtanwalt und Festredner anzutreten. Vom Leben in der alten Moselstadt der Kirchen und Kaufleute versprach sich Agrippa Ruhe und etwas Muße.

Die freie Reichsstadt Metz befand sich um 1500 auf ihrem Gipfel von Macht, Reichtum und Ansehen, bevor bereits um 1530 der Niedergang einsetzte. Für Unruhe in dieser Hochburg der orthodoxen Geistlichkeit mit ihren vielen Klöstern sorgten immer wieder die Auseinandersetzungen um vorreformatorisches Gedankengut zwischen Bürgern und dem nicht sehr populären Klerus. Auch politische Rivalitäten in der nach außen streng geschlossenen, nach innen aber zerrissenen aristokratischen Paraigen-Regierung sorgten für allerhand Zündstoff. Zudem war die Stadt mit dem Fürstenhaus derer von Lothringen, das traditionell den Bischof stellte, verfeindet. Politische Rivalitäten waren auf unheilvolle Weise mit religiösen Kontroversen verknüpft. Die Korruption auf allen sozialen, politischen und religiösen Ebenen bildete ein zusätzliches Problem, das für die allgemeine Erstarrung eine Mitverantwortung trug.

Agrippas soziale Kontakte in Metz erstreckten sich hauptsächlich auf Intellektuelle aus der mittleren Schicht, Archivare, Ärzte, Handwerksmeister und auf einzelne Geistliche, die gleich ihm selbst auf kirchliche Reformen drängten. Sehr aufmerksam verfolgte Agrippa Auftreten und Handlungen der Reformatoren in den deutschen Ländern. Deren Einfluß wurde im Elsaß und in Lothringen von Jahr zu Jahr stärker.

Metz.
Holzstich aus dem 15. Jhd.

Mit Interesse las er die Schriften des Lefèvre d'Étaples alias Faber Stapulensis (ca. 1460-1536), den er auch in einer öffentlichen Auseinandersetzung gegen die Angriffe orthodoxer Theologen in Schutz nahm.

Ausgiebig beschäftigte sich Nettesheim in Metz mit den Schriften Luthers, die für großes Aufsehen und für allerhand Diskussionsstoff sorgten. Brieflich berichtete er Freunden in Basel und Straßburg von seinem Lesehunger und plagte sie mit immer neuen Bücherwünschen. Noch konnte er sich für die Reformation begeistern, was im strenggläubigen Metz nicht ungefährlich war.

Als Chronist des Metzer Stadtlebens in den Jahren 1519/20 porträtiert Philippe de Vigneulles (IV, 332) Agrippa als einen Anhänger der Reformation: "Zu dieser Zeit verfaßte ein deutscher Doktor und Häretiker namens Martin Luther, ein Augustinermönch, einige umfangreiche und bemerkenswerte Schriften. Sie wurden gedruckt und fanden in der ganzen Christenheit Verbreitung, weil sie die Glaubensartikel und heiligen Sakramente berührten, und auch die Mächtigen und Verwalter der heiligen Kirche angingen. Ihm sollten einige große Schreiber und Doctores folgen, während andere es lieber unterließen. Zu den Anhängern zählte ein junger Mann aus Köln, ein bewundernswert großer Schreiber, namens Meister Agrippa, der war von schmaler Gestalt. Sein Leben hatte er mit einer Wanderschaft durch die Welt zugebracht. Er sprach alle nur erdenklichen Sprachen und hatte jede Wissenschaft studiert."

Überdies erwähnt Vigneulles, daß Agrippa in Begleitung seiner aus Pavia in der Lombardei stammenden Frau nach Metz kam und daß er sich heftige Redeschlachten mit der Metzer Ordensgeistlichkeit lieferte.

Nettesheim ist mit innerstädtischen Rechtsstreitigkeiten beschäftigt und hält Reden bei diplomatischen Empfängen. Diese Art von Arbeit, die gut bezahlt wurde, mußte er als eher lästig und eintönig empfinden. Insgesamt fühlte er sich schon bald unterfordert. Aus lauter Langeweile brachte er ein theologisches Traktat über die Erbsünde unter dem Titel *"De originali peccato"* zu Papier. Im Herbst des Jahres 1519, kurz nach dem Tod seines Vaters, wird für Agrippa alles anders, als sich in einem Vorort von Metz Dinge abspielen, die sein Leben nachhaltig auf den Kopf stellen sollten und die seinen ganzen Einsatz erforderten.

Was war geschehen? Ein paar betrunkene Bauern aus dem Dorf Woippy ganz in der Nähe von Metz hatten sich gegen ihre Nachbarn, die als arm verschriene Familie Corbin, verschworen und drangen nachts in deren Haus ein. Damit war ein lang schwelender Konflikt über gegenseitige Grenzstreitigkeiten und angeblichen Schadenszauber eskaliert. Josette Corbin wurde von den rachsüchtigen Männern ergriffen und in ein kleines Verlies geworfen. Als oberster Gerichtsherr des

Dorfes läßt das Metzer Domkapitel die unglückliche Frau nach Metz bringen und übergibt sie dem Gerichtsoffizial des bischöflichen Hofes. Den mißgünstigen Bauern wird eine Frist gesetzt, in der sie sich untereinander entscheiden müssen, ob sie als Ankläger auftreten oder ob sie lediglich auf dem Weg der Denunziation vorgehen wollen. Am festgesetzten Tag kommen acht Bauern und sprechen von ihren Anschuldigungen. Man weist sie an, sich zur Verfügung des Gerichts zu halten. Vier von ihnen werden als nicht zuverlässig angesehen und ausgesondert. Dann geschieht Ungeheuerliches: Der bestechliche Richter Jean Leonard liefert für ein paar Gulden die Angeklagte mit Wissen des Inquisitors wieder an die Bauern aus. Diese wollen ein Geständnis erzwingen und machen kurzen Prozeß. In Woippy setzen sie die Frau eigenmächtig einer schweren Folter aus, wahrscheinlich ohne ihr ein Geständnis entlocken zu können.

Richter Leonard fährt nach Woippy und läßt eine, nach Agrippas Auskunft, lügenhafte Anklageschrift unter Anhörung der Bauern aufsetzen. Wider alle Rechtsprinzipien nimmt das Verfahren als Akkusationsprozeß und auf dem Weg der Inquisition seinen Lauf. Massiv wird der Ehemann der Angeklagten unter Druck gesetzt, damit er sich nicht in irgendeiner Form einzumischen wagt. Auf Anraten des Inquisitors Nicolas Savini wird das Opfer nun "regulär" gefoltert. Der Richter verzichtete dabei auf persönliche Anwesenheit, da er kein Blut sehen mochte. Im Arrest ließ man die Angeklagte auch noch Hunger und Durst leiden.

Als diese widerwärtigen Prozeduren den Angehörigen des Domkapitels zu Ohren kommen, ordnen sie die Überführung der Gefangenen in den kirchlichen Kerker von Metz an. Die Überstellung der ihrer Freiheit willkürlich und ohne ausreichende Verdachtsmomente beraubten Frau und ihre Verwahrung im Gefängnis der Inquisition war rechtswidrig, weil sie zuvor kein Geständnis über Ketzerei abgelegt hatte.

Ein weiterer Rechtsverstoß lag darin begründet, daß man das erste Verhör ohne die Anwesenheit eines städtischen Richters geführt hatte. Dies war ausdrücklich Bestandteil einer Übereinkunft über Fragen der Rechtshoheit, die man 1456 zwischen dem damaligen Bischof von Lothringen und der Stadt Metz getroffen hatte. Seit dieser Zeit flackerte der Streit um die Frage, wer eigentlich in Metz und im Umland Recht sprechen darf, immer wieder auf. Der Magistrat der nicht gerade ketzerfreundlichen Stadt fühlte sich zu Recht übergangen und bestimmte die Entsendung eines Vertreters der eigenen Interessen. Das Treiben der Inquisition unter Führung des Dominikaners Savini in Metz und Umgebung sah man nicht gern, bedeutete es doch in Zeiten der religiösen Krise eine Gefahr für den sozialen Frieden in der Stadt. Die Wahl fiel auf den Juristen und Doktor Nettesheim, der sich eifrig mehr um das Wohlergehen der Angeklagten als um repräsentative Belange kümmerte.

Da niemand der Stadtoberen, die im übrigen selbst auch gern Ketzer verfolgten, mit einem Freispruch rechnete, ließ man Nettesheim freie Hand in der Wahl seiner Vorgehensweise. Der Hitzkopf Agrippa sah sich nun endlich einmal in Metz richtig gefordert. Bereitwillig stürzt er sich in den Kampf mit den ihm seit dem Streit um Reuchlin verhaßten Dominikanern.

Einen ersten Dämpfer erhält Agrippa bei dem Versuch, die Angeklagte persönlich zu sprechen. Vor den Zellen der Gefangenen angekommen, läßt man ihn nicht in den Kerker der Domherren hinein. Zum einen will die bischöfliche Partei damit die in ihren Augen in diesem Fall übertriebenen Geltungsansprüche der Stadt Metz zurückweisen. Darin fand ein alter Konflikt seinen Ausdruck: Das Fürstenhaus Lothringen, das den Bischof stellte, war mit der stets nach noch größerer Unabhängigkeit strebenden freien Reichsstadt Metz verfeindet. Beide Seiten nutzten jede Gelegenheit zu Sticheleien und symbolischen Herabsetzungen der gegnerischen Geltungsansprüche. Immer wieder stellte die geistliche Obrigkeit ihre Autorität durch hartes Durchgreifen gegenüber Abweichlern und Andersdenkenden unter Beweis. Zudem verwehren die Dominikaner, in denen Agrippa zeit seines Lebens und über den Tod hinaus seine gefährlichsten Feinde hatte, Nettesheim den Zugang zum Kirchengefängnis mit der Begründung, er sei eben nur ein Laie und kein Mönch. Zähneknirschend mußte Nettesheim auf der Schwelle wieder umkehren.

Dafür poltert er am ersten Verhandlungstag gleich los und weist den im Inquisitionsgeschäft tätigen Richter Jean Leonard auf eine Reihe von Verfahrensfehlern und skandalösen Vorgängen bei der Verhaftung hin. Er beschwert sich auch darüber, die auf Hexerei, Häresie und "superstitio" (gemeint ist das Begehen von abergläubischen Handlungen) lautende Anklageschrift erst am Tage vor der Verhandlung bekommen zu haben. Der alte Richter läßt den angriffslustigen Wortschwall des jungen Verteidigers erst einmal an sich abprallen, bevor er ihn zur Ordnung ruft. Agrippa zeterte weiter: Der Prozeß sei bereits im Vorfeld ein Skandal, der auf seine Verursacher zurückwirken würde.* Systematisch würde der Inquisitor nach dem Motto "Im Zweifelsfall gegen die Angeklagte" handeln. Da die Frau nicht gestanden habe, müsse man sie unverzüglich freilassen.

Diese Forderung wird vom Inquisitor Savini vehement abgeschmettert. Es folgt ein erstes heftiges Rededuell zwischen den Kontrahenten über die zweifelhafte Rechtmäßigkeit der Tortur. Nun läßt der Richter die geschundene Angeklagte vorführen. Zusammen mit Savini als Assessor des Offizials versucht er, die Frau durch eine Reihe von Suggestivfragen in die Falle eines halben Geständnisses oder in eine Verwicklung von Widersprüchen zu locken. Die Bäuerin bleibt standhaft und leugnet jeden Schadenzauber. Doch damit ist die gefährliche Eigendynamik des Prozesses noch nicht aufgehoben.

Der Inquisitor wittert lauter Lügen und vertritt die Ansicht, daß Verschwiegenheit eben untrennbar zur Hexenkunst gehöre. Er droht dem vermeintlichen Zauberweib und macht ihr Angst, bis ihn Agrippa mit dem Vorwurf der unrechtmä-

* Das liegt nahe, ist aber im Rahmen des magischen Denkens eine Fernwirkung!

ßigen Nötigung unterbricht. Nach einigem Hin und Her läßt der Richter die Unglückliche wieder abführen.

Nach einem weiteren Disput über Verfahrensfragen entspinnt sich eine Kontroverse zwischen Savini und Agrippa über den umstrittenen Wert der Zeugenaussagen von Josette Corbins Peinigern. Nettesheim versucht, Anschuldigungen zu entkräften und Zweifel zu säen, wo immer es geht. Spricht der Inquisitor von der Plausibilität der Verdachtsmomente, versucht Agrippa sie als wenig sinnfällig oder augenscheinlich irrational hinzustellen.

Als Savini der Angeklagten "plaga universalis", also die Heraufbeschwörung von witterungsbedingtem Unheil mittels Schadenzauber vorwirft, antwortet Agrippa ganz im Sinne eines rationalen Naturverständnisses, daß Früchte eben durch Hagel zerschlagen und Weinstöcke durch Frost geschädigt würden, wie doch schon jedes Kind weiß. Auch "Unglück im Stall", ein häufiger Anklagepunkt bei Hexereiverfahren, hat zumeist in Krankheit oder Altersschwäche von Tieren, vielleicht auch in verdorbenem Futter, natürliche Ursachen. Welcher Mensch könne im übrigen schon von sich behaupten, daß ihm seine Feinde gar nichts Böses wünschten?

Die Leute, die mit so unvorsichtigen Anschuldigungen hausieren gehen würden, stolperten doch vor lauter Hexenfurcht über die eigenen Füße, nur um sich in der Rolle des Opfers bestätigt zu sehen, erklärt der Verteidiger. Außerdem sei es töricht, alle zufälligen Ereignisse als magische Akte zu mißdeuten. Wenn die Angeklagte oder sonst jemand aus ihrer Familie, die arm ist und oft betteln gehen muß, hexen könnte, dann würden sich diese Leute doch als erstes Fleisch auf den Tisch hexen und keinen kindischen Wetterzauber treiben.

Dieser kühne Vorstoß Nettesheims bleibt natürlich nicht unwidersprochen, und so schleppt sich das Verfahren über Stunden dahin, bis der verunsicherte Richter die Verhandlung schließlich vertagt. Agrippa hatte die in Hexereifragen tödliche Ordnung des Diskurses empfindlich gestört und gestreckt. Zu einer Verurteilung wegen erwiesener Hexerei war es erst einmal nicht gekommen.

In der Zwischenzeit suchte Agrippa den Bischof Johann von Lothringen, einen späteren Taufpaten eines seiner Kinder, auf, um ihn zum Einschreiten zu bewegen. Zu diesem Zeitpunkt bestand die Gefahr, daß man die Bäuerin erneut auf die Folter spannen würde. Der hohe Herr stellte sich jedoch taub oder hatte gerade andere Sorgen. Vergeblich beschwert sich Agrippa über die Machenschaften des Inquisitors und über das parteiische Taktieren am bischöflichen Hofgericht. Daß die Folter als Ersatz für fehlende Beweise erzwungen würde, sei ein großer Skandal. Der Bischof behandelt den Verteidiger herablassend und mag in Nettesheim nur einen Vertreter der Stadt sehen, mit deren Interessen er grundsätzlich auf Kriegsfuß steht. So bleibt der Vorstoß ohne Ergebnis.

Die zweite Verhandlungsrunde eröffnet der Inquisitor Savini mit einem Plädoyer zur vermeintlichen Schuld der Angeklagten, indem er zur Untermauerung seiner Argumentation die Bibelstelle Exodus 22,18 heranzieht, wonach man keine Zauberer leben lassen soll. Gemeinhin fiel eine solche Standardempfehlung in keinem Prozeß auf taube Ohren.*

Agrippa horchte auf, denn der in klassischer Philologie recht ungebildete Inquisitor hatte ihm, ohne es zu wollen, mit dieser Textstelle ein wichtiges Argument für die Verteidigung in die Hand gespielt. Sofort unterbricht er seinen Gegenspieler, um ihn ganz im Stil eines Universitätsgelehrten darüber aufzuklären, daß diese Textstelle falsch aus dem Hebräischen übersetzt wurde und deshalb als unrühmliche Quelle für weit verbreitete Irrtümer herhalten mußte. Mit dem hebräischen Wort "kasaph" hat man nämlich Giftmischer, aber keine Zauberer gemeint, versichert der in griechischen und hebräischen Sprachstudien erfahrene Agrippa beflissen. Eine korrekte

* 1488 wurden in Metz 32 Personen als Hexen verbrannt. Auch später gab es einzelne Verurteilungen zu Kirchenbußen und Geldstrafen.

Übersetzung der bekannten Bibelstelle müßte demnach lauten: “Die Giftmischer sollst du nicht leben lassen.“

Die Mönche sind erst einmal sprachlos. Dem Inquisitor ist durch den schnellen Ausfall, den Jahrzehnte später auch Agrippas Schüler Johann Weyer als Argument gegen die Hexendoktrin anführen sollte, erst einmal der Wind aus den Segeln genommen, auch wenn er ein paar holprige Einsprüche anbringt. Dann behauptet er, daß nach seiner Erfahrung alles, was den Hexen zur Last gelegt würde, auch der Wahrheit entspräche. Daraufhin erwidert Agrippa, daß die Macht der Hexen nur auf Einbildung und Trugschlüssen beruhe. Savini wittert Häresie und erklärt, daß die Leugnung von Hexerei bereits Ketzerei und damit verfolgungswürdig ist. Seine logischen Kurzschlüsse sind ebenso einfach wie fatal: Landesweit werden Hexen verbrannt, also muß es auch Hexen geben.

Agrippa greift den Hexenglauben da an, wo er ihm besonders absurd erscheint, und stellt die Realität des Sabbats als Konvent der Unholde in Frage. Er sieht darin nur den Ausdruck der Träume von verwirrten Menschen beziehungsweise die Illusionen überspannter Geister. Mit dieser aufklärerischen Gegenargumentation setzt er sich in den Augen der Mönche dem Verdacht aus, Hexerei beschönigen zu wollen. Das weist Nettesheim natürlich zurück, ohne diesen sich in den Köpfen der Dominikaner erhärtenden Verdacht entkräften zu können.

Der Inquisitor ändert seine Taktik und behauptet, daß man am Körper der Angeklagten ein Mal gefunden habe, bei dem es sich nach Lehre des “*Hexenhammers*“, dem fatalen Lehrbuch für Verfolgung und Prozeßführung, nur um ein Hexenmal handeln könne. Der Arzt und Anwalt Agrippa argumentiert rational und leugnet diesen angeblichen Beweis, der doch wohl nur ein Leberfleck oder Muttermal sei. Überhaupt versucht er, die vom Inquisitor eingebrachten Argumente und Lehrmeinungen als widersinnig, verkehrt oder irrational darzustellen, um ihnen die Schärfe zu nehmen. Mit großem Ver-

Hexen.
Holzschnitt von Hans Baldung Grien,
1510

handlungsgeschick entmystifiziert Agrippa das Zauberhafte an der angeblichen Hexe. Dies ist auf die Dauer nur sehr schwer durchzuhalten, und so hängt das Leben der Angeklagten lange an einem seidenen Faden. Gegen Windmühlenflügel ist leichter zu fechten als gegen die pedantische Alogik der Hexendoktrin.
Die Gemüter haben sich mächtig erhitzt, und so muß Richter Leonard die Kontrahenten mehrfach zur Ordnung rufen. Der sprachgewandte Agrippa zieht alle Register seines rhetorischen Könnens, was den Inquisitor in schiere Wut versetzt. Obwohl er sich bemüht, dem Widerredner beizukommen, kann er ihn doch nur schwer festnageln. Zwischendurch fordert Nettesheim als Berufsredner immer wieder einmal die Freilassung der Angeklagten, was Savini mit heftigen Ausfällen zurückweist. Keine Gegenwehr gewohnt, erinnert der in die Defensive gedrängte Savini den Richter daran, daß man Agrippa ja eigentlich nur als städtischen Beobachter zum Prozeß zugelassen habe. Richter Leonard wird die Sache zu bunt und der Tonfall zu laut, deshalb ordnet er eine erneute Vertagung an.

Zwar hatte Agrippa bis dato wieder eine Verurteilung der Frau verhindern können, doch blieb die Lage weiterhin brenzlig. Die unmittelbare Lebensgefahr war noch immer nicht gebannt. Die nächsten zwei Tage verbringt der emsige Anwalt damit, zwei schriftliche Eingaben an den Generalvikar des Domkapitels und Stellvertreter des Bischofs zu verfassen. Darin beklagt er, daß man im Dorf versäumt hätte, die Belastungsaussagen der sogenannten Zeugen unter Eid zu nehmen. Über diesen Verfahrensfehler hinaus erschien ihm die Festnahme aufgrund nicht hinreichender Verdachtsgründe und fehlender Amtsautorität willkürlich und illegal zu sein. Die Folter hätte nicht angewandt werden dürfen. Für eine Verurteilung wegen Häresie fehlten sowohl das Geständnis als auch rechtsbeständige Indizien, die einer ernsthaften Überprüfung standhalten könnten. All das zusammengenommen ließe nur den einen Schluß zu, daß die zu Unrecht angeklagte Frau aus Woippy sofort freizulassen sei. Bitter beklagt Nettesheim die völlige Inkompetenz des Inquisitors, der seinen Blutdurst an einer Unschuldigen stillen wolle. Generell zweifelt er an Savinis Zuständigkeit in dieser heiklen Angelegenheit. Was soll dieser eigenmächtig handelnde Inquisitor eigentlich in einem Verfahren, in dem es gar nicht im engsten Sinne um Glaubensabfall geht? muß sich doch ein jeder vernünftige Beobachter des Geschehens fragen. Savini hätte sich der Bestechlichkeit und Konspiration mit den Gegnern der Angeklagten schuldig gemacht.

Im Generalvikariat nahm man zwar diese Eingabe zur Kenntnis , reagierte jedoch nicht in spürbarer Weise.

Der dritte Verhandlungstermin hält für Agrippa eine böse Überraschung parat. Der Inquisitor nennt Woippy ein Hexennest, in dem es früher schon zu Verurteilungen wegen Hexerei gekommen war. Nichts scheinen die Unholde so zu lieben wie die Wiederholung ihrer Schandtaten an erneut geplagten Orten. Das sei auch jetzt in Woippy wieder der Fall, wo die Mutter der nun vor Gericht stehenden Josette Corbin vor gut achtzehn Jahren rechtskräftig als Hexe verurteilt und verbrannt worden war. Savini mutmaßt, daß die Hexenkunst von der Mutter auf die Tochter vererbt werden konnte oder die Angeklagte als Kind einfach zum Sabbat mitgenommen wurde, um dort Anschauungsunterricht in Malefizien zu erhalten.

Richter Leonard stellt gleichfalls fest, daß nach gelehrter Meinung die Anlage zur Hexerei oft erblich sei. Die ganze Familie Corbin verfüge über einen schlechten Leumund und muß deshalb als stark belastet angesehen werden. Weihen die Hexen ihre Kinder dem Teufel, so wären diese Kinder später selbst gezwungen, dem Teufel zu dienen.

Savinis Vorstoß stellt einen gefährlichen Schachzug in diesem gerichtlichen Spiel um Leben und Tod dar. Angesichts des Überraschungscoups ist Nettesheim für ein paar Momente irritiert und verunsichert. Er weiß noch nicht genau, wie nun am besten gegen die gefährliche Scheinplausibilität einer absurden Verfolgungslogik vorzugehen ist. Dann entschließt er sich zu einem scharfen Gegenangriff wider den Richtgeist der Hexenmacher, als ihm der Inquisitor ein neues Stichwort nennt und damit auch weitere Angriffsfläche bietet. Um sich nicht schon wieder dem Vorwurf, Fürsprecher der Hexen zu sein, auszusetzen, will Agrippa dem Theologen jetzt theologisch beikommen.

Lassen wir den nicht auf dem Boden des *"Hexenhammers"* stehenden Agrippa selbst zu Wort kommen. In der Schrift *"De vanitate..."* erinnert er sich an diese gefährlichste Phase des ganzen Prozesses und schreibt: "Als ich einst zu Metz Rat und Advokate gewesen, habe ich mit einem Inquisitore einen harten Streit gehabt, welcher ein Bauernweib geringer Ursachen wegen vor seine Carnificina oder Schlachtbank gezogen, und als ich ihr die Defension gemachet und so viel ausgeführet, daß kein einziges redliches Indizium oder einzige Anzeigung vorhanden wäre, die zur scharfen Frage und Tortur genug wäre, hat er mir widersprochen und ins Gesichte gesaget: Ist es nicht Gezeugnis genug, daß ihre Mutter als eine Zauberin verbrannt worden? Als ich nun diesen Punkt als impertinent ablehnte, weil aus einem andern Falle herausgezogen, und verlangte, daß solcher von den Akten weggetan werden möchte, hat derselbe alsobald darauf, damit er gleichwohl auch ohne Vernunft nicht reden möchte, aus des Hexenhammers Heimlichkeiten und aus der peripatetischen Theologie dieses herfür gezogen und gesaget, diese Meinung wäre wahr, denn die zauberischen Mütter pflegten ihre Geburt alsobald dem Teufel zu opfern; dahero geschähe es, daß bei einem solchen Kinde, als von einer Erbkrankheit solche Bosheit eingewurzelt bliebe.

Darauf rief ich: Du arger Pfaffe, du theologizierest und philosophierest wohl schändlich! Durch diesen Betrug und durch diese Geschichte werden viel unschuldige Weiber zur Tortur gezogen, durch diesen Betrug verurteilest du die Leute, du bist selber eben so ein Ketzer wie Faustus und Donatus. Nimmst du nicht dardurch weg den Gnadenbund der Taufe? Hat denn der Priester umsonst gesaget: Fahre aus, du unreiner Geist, und gib Raum dem heiligen Geist? Sollte dann wegen des höllischen Opfers der bösen Mutter das Kind des Teufels bleiben? Sollte dir aber etwan derjenigen Meinung belieben zu behaupten, dass ein Incubus generieren könnte, so wird fürwahr keiner, der solches bejahet, so närrisch sein, dass er dafür hielte, dass die Teufel mit ihrem einmal erstickten Samen etwas Natürliches in die Geburt setzen könnten; ja ich will dir sagen und zwar höre darauf, aus dem Glauben, daß wir aus unserer eigenen menschlichen Natur alle geboren sind als ein Haufe voller Sünde und ewiger Verfluchung, wir sind Kinder der Verderbnis, Kinder des Teufels, Kinder des Zornes Gottes und Erben der Hölle, aber durch die Gnade der Taufe ist der Teufel von uns ausgejaget; dadurch sind wir neue Kreaturen und Geschöpfe Jesu Christi worden, von welchem uns niemand als unsere eigene Sünde scheiden kann. Da können wir ja nicht sagen, daß uns eines andern Schuld schaden kann. Siehest du nun, wie deine freche Meinung durch Rechtsgründe vernichtet und weit von der Vernunft ab ist, auch eine recht ketzerische Behauptung.

Hierüber hat sich dieser obgemeldete grausame Heuchler erzürnet und mir als einem Beschützer der Ketzer heftig gedrohet; ich habe doch nicht abgelassen, dieses arme Weibchen zu defendieren, habe auch dasselbe durch die Macht der Rechte aus dem Rachen des Löwen rausgerissen, und ist dieser blutgierige Mönch endlich für aller Welt schamrot gestanden, auch wegen seiner Krudelität ewig infam worden" (*"De vanitate..."*, 141f.).

Agrippa hat einen Etappensieg nach Punkten errungen, denn nun muß der Inquisitor das Spiel fürchten, das er selbst zuvor begonnen hatte. Selbst für ihn wäre es ketzerisch gewesen, gegen das Sakrament der Taufe zu argumentieren und zu behaupten, daß der Teufel theoretisch über mehr Macht als Gott selbst verfügen könnte. Der Entzauberer Nettesheim hat deutlich an Boden gewonnen, obwohl es auch zu diesem Zeitpunkt weiter schwierig bleiben würde, die angebliche Hexe vom Feuer weg zu disputieren.

Richter Leonard sieht es schlecht um die Sache der Anklage bestellt und so sorgt er schnell für eine weitere Unterbrechung des Prozesses, der ihm längst lästig geworden ist.

Am nächsten Verhandlungstag gibt es eine handfeste Überraschung: Jean Leonard, Rechtsprecher am bischöflichen Hofgericht war plötzlich und unerwartet verstorben, nicht ohne ein Geständnis seiner Korrumpierbarkeit und einiger Schandtaten zu hinterlassen. Der Generalvikar des Bischofs verliest das von einem Notar am Sterbebett protokollierte Schuldeingeständnis von Leonard. Darin bezichtigt sich der Richter, gelegentlich Urteile auf Bestellung geliefert zu haben. Hinsichtlich des schwebenden Verfahrens gegen Josette Corbin empfiehlt er noch, die Frau sofort freizulassen, zumal auch die Folter nichts zutage befördern konnte. Die Belastungszeugen wären so unglaubwürdig aufgetreten, daß man sie nie hätte zum Prozeß zulassen sollen. Gemeinsam hatten der Inquisitor und Leonard den Mann der Angeklagten gefunden und so unter Druck gesetzt, daß er es nicht gewagt hatte, überhaupt vor Gericht zu erscheinen. Auf diese Weise waren befürchtete Eingaben oder eventuelle Revisionen ganz einfach unterblieben.

Das vom Generalvikar Conrad le Payen als dem Bevollmächtigten des Bischofs verlesene Geständnis wirkte wie ein Schlag ins Gesicht der Inquisition. Ankläger Savini sah sich nun selbst belastet, beziehungsweise überraschend als hinterhältiger Rechtsbeuger überführt.

Agrippa hatte gewonnen, und nach diesem Paukenschlag war das Ende des skandalösen Verfahrens abzusehen. Im Gerichtszimmer, in dem zuvor so heftig gestritten und gehadert worden war, herrscht für einige Momente eine gespenstisch anmutende Ruhe. Die plötzliche Wendung hatte den Protokollführer so irritiert, daß er ratlos vor dem leeren Papier saß und nicht wußte, was nun zu schreiben war.

Der Generalvikar verkündete den Beschluß des Domkapitels, die leidige Angelegenheit zu beenden und den Prozeß auszusetzen. Savini wurde von seinen Aufgaben entbunden, was er nur unter Protest zur Kenntnis nehmen wollte. Erst zaghaft, dann vehementer fordert er die Fortsetzung des Verfahrens. Vielleicht würde eine neuerliche Anwendung der Folter doch noch ein Geständnis erbringen.

Heftig fällt le Payen dem dreisten Schönredner in eigener Sache ins Wort und erklärt den Prozeß für beendet, der eine Gefahr für den guten Ruf der ganzen Diozöse darstellt. Zudem verfügt er die Freilassung der Angeklagten und die Verhängung einer Geldstrafe über die falschen Zeugen. Zufrieden schaut Agrippa auf die Ereignisse zurück: "...es sind auch die Angeber und die so dieses Weib so schändlich verleumdet haben in dem Kapitel der Metzer Kirche, dessen Untertanen sie waren, mit einer ansehnlichen Geldstrafe beleget worden" (*"De vanitate..."*, 142).

Der Alptraum von einem Prozeß war zu Ende, und Agrippa nahm den mühsam erstrittenen Freispruch zufrieden hin. In einigen Briefen an Freunde beschreibt er, wie es ihm gelungen war, die unschuldige Frau aus dem Rachen der Inquisition zu reißen. Seine Kontrahenten schäumten hingegen vor Wut über die erlittene Niederlage. Das machte sie noch gefährlicher und unberechenbarer, hielten sie Agrippa doch nach wie vor für einen Beschützer der Hexen. Die Auswirkungen dieses Grolls sollte Nettesheim schon bald zu spüren bekommen.

Das überraschende Ende eines Prozesses, bei dem die Angeklagte ausnahmsweise mit dem Leben davonkam, löste viel Zustimmung und anerkennendes Lob für den gewieften Verteidiger aus. "...Ein Grund, warum viele böse und unwissende Menschen feindlich gegen dich eingestellt sind, liegt darin, daß du neulich die der Zauberei angeklagte Frau so nachhaltig verteidigt hast. Harre aus in der Verteidigung der Wahrheit; bleibe tapferen Herzens gegenüber dem wahnsinnigen Haß der Unwissenden, damit die Wahrheit aufleuchtet" (*"Epistulae"*, 24), schreibt ein Freund an Agrippa, als dieser schon nicht mehr in Metz weilt.

In den Augen seiner städtischen Auftraggeber, denen das Leben der Angeklagten relativ gleichgültig war, hatte der siegreiche Nettesheim seine Aufgabe übertrieben. Man hatte nur ein Mitspracherecht bei den Entscheidungen am bischöflichen Hofgericht gefordert, ohne das letzte Wort haben zu wollen. Und was war geschehen? Nun fürchtete man den Zorn des Domkapitels und die Ansicht, daß die Freilassung der Frau nur unnützes, der weltlichen und der geistlichen Autorität zuwiderlaufendes Gerede hervorbringen würde. Prompt entband man Agrippa von einem Teil seiner Aufgaben. Bei repräsentativen Anlässen brauchte er nun keine Festreden mehr zu halten. Die städtische Obrigkeit begegnete ihm feindlich. Zudem befürchtete man ein publizistisches Echo auf das gleichermaßen sensationelle wie skandalöse Ende des mißglückten Prozesses. Für Agrippa persönlich standen die Sterne wieder einmal schlecht. Die Hexenaffäre hatte seinen persönlichen Stand in Metz erheblich erschwert. Sie sollte auch noch eine Reihe von Langzeitfolgen haben, auf die später noch einzugehen sein wird.

Durch seinen mutigen Einsatz hatte der fortschrittliche Denker Agrippa aber ein Signal gegen die Hexenverfolgung gesetzt, das auch über die Grenzen Lothringens hinaus wahrgenommen wurde. Als Schriftsteller führte er den Kampf gegen die Inquisition zu einem späteren Zeitpunkt mit spitzer Feder weiter. Allerdings konnte das Handeln eines Einzelnen nicht für einen generellen Stimmungsumschwung sorgen. Lothringen sollte gerade am Ende des 16. Jahrhunderts die schlimmsten Verfolgungen zu erdulden haben. Verdienste im Kampf gegen die Hexendoktrin erwarb sich Jahrzehnte später auch Agrippas Schüler Johann Weyer (1515-1588) .*

Kaum war Nettesheim aus Metz verschwunden, witterte der Inquisitor Savini Morgenluft und blies zur neuerlichen Hexenjagd. Er lies eine ganze Reihe von Frauen festnehmen, von denen jedoch einige schnell wieder flüchten konnten. Möglicherweise gelang es ihm jedoch, eine unschuldige Frau hinrichten zu lassen, für die es keinen Verteidiger gab. Wahrscheinlich ließ ihn das Domkapitel gewähren, um die eigene

* vgl. dazu Kapitel VII

angeschlagene Autorität wieder herzustellen. Die Quellenlage ist auch in dieser Angelegenheit nicht ganz klar. Auf jeden Fall stellte sich ihm in der Person des Pfarrers Roger Brennon ein langjähriger Freund und Briefpartner Agrippas als neuer Gegner entgegen, der die unheilvolle Verfolgung auch tatsächlich stoppen konnte. In seinen Predigten wetterte Brennon gegen die Menschenjagd und das Vorgehen des Inquisitors. Savini zog wieder den Kürzeren und konnte nach einigen Gewaltandrohungen sein Kloster vorübergehend nicht verlassen. Roger Brennon schreibt in einem auf den 27. September 1520 datierten Brief an Nettesheim: "...Savini sitzt in der Zelle, kaut die Nägel und wagt sich nicht mehr heraus!" Mit der Freilassung der Beschuldigten war wieder eine Hexenjagd vorläufig zu Ende gegangen.

Nachweislich kam es in Woippy 1591, 1597 und 1622 zu neuen Verfolgungen. Schlimm für die ganze Bevölkerung Lothringens wurde am Ende des 16. Jahrhunderts vor allem das unkontrollierte Wüten des weltlichen Hals- und Strafrichters Nicolas Remy (1530-1612), der unter dem latinisierten Namen "Remigius" traurigen Ruhm als Hexenverfolger erlangte. Sein Anleitungsbuch zur Hexenjagd hieß *"Daemonolatria"* ("Teufelsdienst") und erschien 1595. Remigius brüstete sich in seiner 20 Jahre währenden Tyrannei damit, 1600 Todesurteile ausgesprochen zu haben, von denen etwa die Hälfte auch vollstreckt wurde. Elsaß und Lothringen blieben auch im 17. Jahrhundert neben Franken, Westfalen und Savoyen eines der Zentren der Hexenverfolgung.

Bereits vor dem Prozeßende hatte sich Agrippa neuen Ärger aufgehalst, als er mit Nachdruck in den theologischen Streit um die Ehe der heiligen Anna eingriff. In einem Disput mit einem Mitglied der Metzer Aristokratie hatte Nettesheim den ebenfalls an der Gelehrtenmagie interessierten Reformkatholiken Lefèvre d'Étaples vor den Angriffen orthodoxer Mönche in Schutz genommen. Lefèvre d'Étaples war ein geistiger Erneuerer und Humanist von Rang, der eine Synthese von Mystik und Rationalismus anstrebte.

An der heiligen Anna, Mutter der Jungfrau Maria und Schutzheilige des Bergbaus, schieden sich die Geister hinsichtlich der Frage, wie oft sie eigentlich verheiratet gewesen war. Die eine Fraktion sprach von ihrer Monogamie, die andere sah sie gleich dreimal nacheinander in ehelichen Banden. Wie Erasmus von Rotterdam, Konrad Celtis und viele andere bezog auch Agrippa in diesem Meinungsstreit Stellung, wohl nicht zuletzt, weil er die beiden Schriften *“De laudibus st. Annae“* (1494) und *“Miracula st. Annae“* (1495) seines alten Lehrers Trithemius zu dieser Modedebatte gut kannte. Das forderte den Widerspruch der Metzer Ordensgeistlichkeit heraus, die gerade Nettesheim öffentlich scharf attackierte. Den Dominikanerabt Claude Salini nannte Agrippa “einen infamen Verleumder“, dem anscheinend, außer Nettesheim, niemand zu widersprechen wagte, “wenn er auch nur die Stirn runzelt“ (*“Epistulae“*, II,25). In ihren öffentlichen Disputen streuten die Dominikaner der Menge von neugierigen Zuhörern Sand in die Augen. Überhaupt schien ihre Autorität so groß zu sein, “...daß selbst ein Engel vergeblich vom Himmel herabsteigen würde, um sie zu demaskieren“. Der eifrige Abt und Freund des Inquisitors Savini seinerseits hatte gerade den Doktorgrad an der Sorbonne erworben. Rhetorisch beschlagen, nannte er seinen Gegner “einen wahren Plagegeist des Mönchswesens“.

Da beide Kontrahenten die auf eine Degradierung des Gegners abzielende rhetorische Alchemie der Polemik gut beherrschen, wird der Meinungsstreit in Metz immer erbitterter geführt. Oft stundenlange Dispute der beiden Lager werden vor Augen und Ohren des Metzer Stadtvolkes abgehalten. Man stritt sich bis zur Weißglut, was wahrscheinlich auch einen gewissen Unterhaltungswert besaß. Ein Zölestinermönch, der auf Agrippas Seite mitredet, wird dessen Einfluß entzogen und in das Kloster einer anderen Stadt versetzt. Im elsäßischen Straßburg glühen die Scheiterhaufen schon nichtiger Anlässe wegen. Auch in Metz wird der Boden langsam heiß. Selbst als Lefèvre d'Étaples seinen aufbrausenden Fechtmeister in Metz zu mehr Gelassenheit mahnt, spuckt Agrippa trotzdem weiter Galle, Gift und Geifer. Von einem hartnäkkig im Sinne der Klosterzucht argumentierenden Mönch sagt Nettesheim, er spräche "das Latein eines gelehrten Metzlers". Der Grimm mehrt sich täglich, ebenso wie die Zahl der Feinde. Viele einflußreiche Bekannte sehen den Bogen überspannt und meiden nun die Gesellschaft des scharfzüngigen Kölners.

Verhetzte Fanatiker drohen Nettesheim als "Meister der Ketzerei" Gewalt an. Der Verlust von offensichtlich abgefangenen Briefen erschwert die Kommunikation mit Freunden und verleidet Agrippa den Aufenthalt in der Stadt. Nettesheim sieht sich in einem unsichtbaren Netz aus Intrigen und Bespitzelung "von der Pest der Kapuzenträger" gefangen. Die Enge in der Stadt wird ihm so unerträglich, wie ihm auch die angeschlagene Gesundheit seiner schon länger kränkelnden Frau schwer zu schaffen macht. Er fühlt sich umzingelt, und die Last der Widrigkeiten droht ihn niederzuwerfen. Seine Zeit in Metz scheint für ihn selbst abgelaufen zu sein. An den zermürbenden Wortgefechten mit den Mönchen hat er alle Lust verloren. Zwar war der Richtgeist der Hexenmacher in Metz erst einmal gebannt, doch bestand die Gefahr, daß die Dominikaner eine auf Ende Januar 1520 angesetzte erneute Disputation um die heilige Anna als Vorspiel zu einem Prozeß gegen Agrippa wegen Begünstigung von Ketzerei nutzen wollten. Agrippa war Skeptiker genug, um seine Chancen in der Tretmühle der Inquisition als nicht gerade rosig einzuschätzen. Bereits der "*Hexenhammer*" fußte auf der fatalen Logik, daß ein Verteidiger von Ketzern selbst nur ein Ketzer sein könne. Freunde warnen ihn dringend davor, noch länger in Lothringen zu bleiben. Überall in der Stadt werden aberwitzige Gerüchte ausgestreut, wonach Agrippa, der im Hexenprozeß als Entzauberer aufgetreten war, selbst ein Schwarz- oder Teufelskünstler sei, der heimlich mit Zaubergeistern und Höllenhunden verkehre. Damit war der Grundstein für eine Legende gelegt, die Agrippa zeit seines Lebens und über das Grab hinaus verfolgen sollte. Nichts läßt sich so einfach entfachen wie ein fauler Zauber aus der Gerüchteküche der Verleumdung.

In den frühen Morgenstunden des 25. Januar 1520, nach dem Kirchenkalender der Tag der Bekehrung des heiligen Paulus, verließ Agrippa Hals über Kopf die mittlerweile ungeliebte Stadt Metz. Er ging nach Köln und überarbeitete dort seine Streitschrift *“De beatissime Annae monogamia ...“*.

In der Rückschau beschimpfte Agrippa die Käfigstadt Metz in einem Brief und in einer Schmähschrift voller Wut als ungeeigneten Ort für eine freie Meinung, “als eine Rabenmutter des freien Geistes“, “...Stiefmutter der freien Künste und Tugenden“ (*“Epistulae“*, II,33).

V

Gefährliche Pfade

In Köln gönnte sich der streitbare Agrippa nach den zurückliegenden Anstrengungen zunächst etwas Ruhe. Seine Sorge galt dem Kind und seiner Frau, deren Gesundheitszustand sich weiter verschlechterte. Er kümmerte sich auch um seine noch in der Stadt lebende Mutter und Schwester. Der von Natur aus unruhige Mann gedachte ein paar Monate in Köln zu bleiben und dann vielleicht eine Stellung beim Herzog von Savoyen anzutreten.

Ausgiebig widmete sich Agrippa auch wieder seinen durch die Vorgänge in Metz vernachlässigten Studien zur okkulten Philosophie. Aber allem Anschein nach hat Nettesheim zwischen Ende 1519 und Mitte 1526 kein neues Buch oder Traktat geschrieben. Im Juli 1520 traf Agrippa den antiklerikalen Reichsritter Ulrich von Hutten (1488-1523) in Köln. Mit spitzer Feder bereitete sich dieser glühende Verehrer Luthers auf seinen Pfaffenkrieg gegen die Fürsten und Pröbste vor. Kurz darauf gab es Streit um Hutten im Lager der Humanisten, weil dieser einen Fehdebrief gegen Reuchlin erlassen hatte. Reuchlin soll zuvor Stellung gegen Luther bezogen haben. 1520 hatte Luther seine drei großen Programmschriften veröffentlicht und durch die Verbrennung der päpstlichen Bannandrohungsbulle den endgültigen Bruch mit der katholischen Kirche vollzogen. Als Agrippa sich 1521 gerade auf der Durchreise in Metz befand und alte Freunde besuchte, starb ganz plötzlich seine erste Frau. Sein Freund, der Geistliche Brennon, stand dem leidgeprüften Witwer in der Stadt vielfältigen Ungemachs bei. Er sorgte für ein Begräbnis in seiner, heute nicht mehr vorhandenen "Kirche zum heiligen Kreuz". Nachdem er den Freund gebeten hatte, einige Messen für das Seelenheil der Verstorbenen zu lesen, verließ Agrippa die ungeliebte Stadt wieder. Er reiste in Begleitung seines kleinen Sohnes Aymont nach Genf und betrieb von dort aus seine Verhandlungen um eine Anstellung in Savoyen. Die Monate vergingen, und schließlich zerstoben Nettesheims Hoffnungen. Warten war nicht nach seinem Geschmack, und so praktizierte er zur Aufbesserung seiner leeren Kasse vorübergehend als Arzt. Überdies war sein Rat in magischen Angelegenheiten sehr gefragt.

Das Jahr 1521 brachte eine weitere Verschärfung im bereits vorher sehr angespannten geistigen Meinungsklima durch die von Papst Leo X. gegen Luther und dessen Anhänger erlassenen Bannbulle. In den Gelehrtenkreisen erhitzten sich die Gemüter über den Sinn, das Für und Wider der lutherischen Reformbestrebungen sehr heftig. Agrippa sympathisierte zwar recht früh mit Luther, war aber schon bald auf der Seite des Erasmus, des einzigen Mannes, der die Kirchenspaltung hätte verhindern können.

Im Herbst 1521 heiratete der früh verwitwete Agrippa zum zweiten Mal. Die Auserwählte war die aus einer vornehmen Familie stammende, achtzehnjährige Genferin Jana Louisa Tissie. Im Laufe der Jahre bekamen sie sechs Kinder, von denen eine Tochter schon im frühen Kindesalter in Fribourg starb. In Briefen äußerte er sich lobend über seine relativ harmonisch verlaufende Ehe, die allerdings auch nur von kurzer Dauer war. Jana Louisa starb während der Pestepidemie 1529 in Antwerpen.

In Genf wollte Agrippa auf Dauer nicht bleiben, obwohl sich einige Stadtväter dafür stark machten. Diese Männer sahen in ihm einen der führenden Gelehrten seiner Zeit. Nachdem sich nochmalige Hoffnungen auf eine Anstellung in Savoyen zerschlagen hatten, zog er über Lausanne nach Fribourg. Im März 1523 wurde Nettesheim dort zunächst durch die Ratsherren freundlich aufgenommen. Ohne viel Federlesens trat Agrippa eine Anstellung als Stadtphysicus an. Die neue Aufgabe erlaubte es ihm, gelegentlich auch in benachbarte Städte zu reisen, um Freunde der okkulten Studien oder Agenten des mit König Franz I. verfeindeten Herzogs von Bourbon zu treffen.

Obwohl die Stelle nicht schlecht bezahlt war, drückten schon bald alte Schulden und noch immer fällige Verbindlichkeiten. In Fribourg mußte der rastlose Agrippa ein dürftiges und enges Leben führen, unangenehm erschwert durch Geldnot und ständig wachsende Mißgunst der alteingesessenen Ärzte und Apotheker. Ähnlich wie Paracelsus an anderen Orten in der Schweiz weigerte sich Nettesheim, den Apothekern die Arzneibüchsen durch eine allzu üppige Leerung zu vergolden, indem er den Kranken nur einfache Rezepturen mit erschwinglichen Beigaben ausstellte. So dauerte es nicht lange, bis die Allianz aus Konkurrenten bei der Verrichtung der ärztlichen Kunst und vergrellten Zunftapothekern den lästigen Querkopf aus der Stadt geekelt hatte. Bereits am 9. Juli 1523 reichte Agrippa beim Magistrat sein Entlasssungsgesuch ein und verließ die bis dato streng römisch-katholische Stadt, in der im Dezember alle lutheranischen Bücher beschlagnahmt werden sollten. Das innovationsfeindliche Streben nach Abschottung in Fribourg war nicht nach Agrippas Geschmack, suchte er doch eher Kontakte zu auf dem religiösen Gebiet erneuerungsbestrebten Gelehrten. Von Fribourg aus verschickte er auch einen offenen Brief, in dem er die Ehre seines als Schwarzmagier und Betrüger verleumdeten alten Meisters Trithemius verteidigte.

Im Jahre 1523 wurden zum ersten Mal zwei Augustinermönche in Brüssel als Anhänger Luthers auf dem Scheiterhaufen hingerichtet. Überhaupt häuften sich allerorten Verurteilungen wegen Ketzerei. Sympathisanten und Unterstützer der Reformatoren wurden zunehmend verfolgt. So verurteilte man Agrippas Buchhändler in Metz wegen Ketzerei und Verbreitung häretischer Bücher und schnitt ihm die Ohren ab. Nach dieser Verstümmelung schickte man den Buchhändler Jacques in die Verbannung, wie Agrippa brieflich erfuhr. Im selben Jahr wurden nach Auskunft der Metzer Stadtchroniken auch mehrere lutherisch gesinnte Priester vorübergehend verhaftet. Der mit Nettesheim bekannte Prediger Jean Châtellain mußte 1525 zu Lothringen auf dem Scheiterhaufen sterben. Die lutherische Lehre und der Besitz ketzerischer Bücher waren auch in Metz zunächst offiziell strikt verboten.

Im Jahr 1524 konnte Agrippa sich nach Maßgabe von zwei lukrativen Angeboten aussuchen, ob er an den französischen Hof gehen oder lieber in die Dienste des mit diesem verfeindeten Connetable von Bourbon eintreten wollte. Ohne viel Zaudern wählte Nettesheim die erste Lösung, und so ging er als Leibarzt der Königin-Mutter von Frankreich an den Hof von Lyon. Dort residierte Louise von Savoyen (1476-1531), die auch nach der Thronbesteigung ihres Sohnes Franz I. mit harter Hand weiter einen Teil der Regierungsgeschäfte führte. Als strenggläubige Christin drangsalierte sie die Anhänger der Reformation und war auch sonst in vielen innen- und außenpolitischen Angelegenheiten bestrebt, stets das letzte Wort zu behalten.

Als Agrippa am 3. Mai 1524 seinen Dienst bei Hof antrat, erhoffte er sich großen Erfolg, freilich ohne zu ahnen, daß er dem Tiefpunkt seines Lebens entgegensteuerte. Der anfängliche Optimismus sollte jedoch schnell verfliegen und einem galligen Pessimismus weichen.

Doch zunächst ereignete sich auch Erfreuliches: In Lyon wurde Agrippas Sohn Henri 1524 geboren. Ihm folgte im Juli 1525 Jean, der wie sein Bruder den Vater überleben sollte. Agrippa richtete sich in Lyon häuslich ein, wo er bis ins Jahr 1527 bleiben sollte.

Zu Ehren des jungen König Franz verfaßte Nettesheim in Lyon ein artilleristisches Werk, das leider nicht erhalten geblieben ist. Er unterhielt mit Freunden und Bekannten in allen Teilen Europas eine umfangreiche Korrespondenz.

Bereits im Februar 1524 zogen mit der französischen Niederlage und Gefangennahme des Königs in der Schlacht von Pavia durch den Herzog von Bourbon (1490-1527), einem ehemaligen Verbündeten, dunkle Wolken auf. Die Schmach wog doppelt, denn der Herzog war der ehemalige Oberbefehlshaber der französischen Truppen in Italien gewesen, bevor er in Ungnade fiel und nach der Beschlagnahme seines Vermögens durch das Königshaus im Jahr 1521 außer Landes gejagt wurde. Wütend wechselte der fähige Offizier das Lager, schwor dem unklug taktierenden König Rache und schloß sich der kaiserlichen Armee an. Die Gefangennahme seines größten Feindes bedeutete für den zum Gegner übergelaufenen Herzog einen nicht zu überbietenden Triumph.

Die Folgen der einschneidenden Niederlage von Pavia sollten Agrippa langfristig um sein Amt bringen. Die Festsetzung Franz I. erzwang eine Übernahme der Regentschaft durch die Königin-Mutter, der gerüchteweise ein gewisser Anteil an der schmachvollen Niederlage nachgesagt wurde. Es folgten beträchtliche Wirren um den richtigen innen- und außenpolitischen Kurs, die eine schwere, bis in den Hof hineinreichende Finanzkrise nach sich zogen. Ein Opfer der Geldnot, wegen der der höfische Schatzmeister Semblancay 1527 als Sündenbock aufs Schafott kam, wurde neben vielen anderen Edelleuten auch Agrippa, der noch immer auf eine angemessene Besoldung wartete. Alle Finanzmittel wurden als Lösegeld und für neue Truppenaushebungen gebraucht, deshalb floß das Geld am Hof nur spärlich und unter großen Verzögerungen. Auf Nachfragen versuchte man Nettesheim mit billigen Versprechungen abzuspeisen, was den unduldsamen Leibarzt in neue Not und Wut versetzte. Von Vorschußehren allein ist nur schwer satt zu werden.

Noch wußte Nettesheim zu scherzen, und so schrieb er in einem Brief an Freunde über seine getäuschten Erwartungen, daß sich seine "Vogelnetze in Spinnweben verwandelt hätten, die nur noch zum Fangen von Fliegen und Geschmeiß taugen würden". Auf Eingaben hin ließ die Königin-Mutter sich entschuldigen, sie habe Wichtigeres zu tun, als sich ausgerechnet um die Geldnöte eines gewöhnlichen Höflings zu kümmern. Mit wachsender Zerknirschung sah Nettesheim seine Felle davonschwimmen. Nur mit Mühe und viel Überredungskunst konnte er sich das Geld für weitere teure Logis in Gasthöfen leihen. Bitt- und Drohbriefe an die höfische Finanzverwaltung versandeten, ohne daß sie Gehör gefunden hätten. Agrippa gebärdete sich weiter unbequem, bis zur Vergrellung der zuständigen Hofbeamten, die den aufmüpfigen Mann gerne abgeschoben gesehen hätten. Gerüchte über Agrippas Sympathien mit Dissidenten und Reformationsanhängern wurden ausgestreut. Geschickt ließen mißgünstige Höflinge den um seine Rechte kämpfenden ehemaligen Leibarzt als mißliebige, des Hochverrats verdächtige Person erscheinen.

Fuchs predigt Enten und Gänsen. Aus dem Straßburger Münster.

Vom Schadenzauber der Geldknappheit getroffen, sah sich Nettesheim "vom medicus (Arzt) in einen mendicus (Bettler) verwandelt", wie er mit bitterer Ironie feststellte. Der Aufenthalt am Hof in Lyon wurde ihm gänzlich vergällt, als die noch immer von der Großmacht Frankreich träumende, aber sonst kleinliche Regentin von Nettesheim die Erstellung eines Horoskops des Königs verlangte. Zunächst weigerte sich Agrippa, hielt er doch zu diesem Zeitpunkt sowieso nicht mehr viel von der Astrologie. Keck erwiderte der Kölner, man solle seine Fähigkeiten doch für wichtigere Dinge nutzen. Schließlich tat er es dann doch und sagte düstere Zukunftsaussichten vorher. Als er dann auch noch den Sieg des feindlichen Hauses Bourbon prophezeite, ließ ihn die empörte Königin-Mutter endgültig in Ungnade fallen. Nach anderen Quellen soll er sogar den baldigen Tod von König Franz angedeutet haben, was im Rachen der Macht schiere Torheit gewesen wäre.

Im Spätsommer 1526 drohte der verzweifelte Nettesheim in einem Brief an Hofleute, die er unvorsichtigerweise für vertrauenswürdig gehalten hatte, damit, sich den Feinden des Königs anzuschließen. Die in Intrigen wohl geübten Höflinge spielten den rhetorisch überstrapazierten Brief der Regentin zu, womit Agrippas Durchfall bei Hofe besiegelt war.

Eine ganze Weile ließ man den glücklosen Höfling unbeachtet zappeln wie einen Fisch auf einer Sandbank. Im Herbst erfuhr Nettesheim, daß man seinen Namen von der Besoldungsliste am Hof gestrichen hatte, ohne zuvor irgendwelche Ansprüche zu erfüllen .

1526 hatte Nettesheim das kleine Traktat *"Declamatio de sacramento matrimonii"* niedergeschrieben. Diese Schrift über den Zweck und die theoretischen Vorteile des Ehelebens widmete er nun Prinzessin Marguerite und der Königin-Mutter, in deren Diensten er sich zu diesem Zeitpunkt noch immer befand. Hinter der Widmung stand der Wunsch nach erneuter Zuwendung beziehungsweise Patronage, dem die Fürstin bestenfalls verbal, ansonsten aber tatenlos nachkam. Die Abhandlung wurde von den Gelehrten am Hof skeptisch aufgenommen und brachte ihrem Verfasser mehr Tadel als Lob ein. Man kann in der Abfassung dieses Traktates auch den Versuch sehen, die Aufmerksamkeit der für den geistigen Fortschritt empfänglichen Fürstin Marguerite d'Alencon, der Schwester des Königs und späteren Fürstin von Navarra, auf sich zu lenken. Sie machte aus ihren Sympathien für die Sache der Reformation wenig Hehl. Über die Reaktion der Prinzessin ist leider nichts bekannt. Am Hof der Regentin konnte Agrippa nicht mehr landen. Erst Mitte November 1526 erhielt der zornige Mann etwas Salär, jedoch kaum mehr als ein höfisches Trinkgeld.

Der mit der Entwicklung höchst unzufriedene Agrippa schwebte in Gefahr, hatte er doch die unberechenbare Rachsucht der Regentin zu fürchten. Es galt auf der Hut zu sein oder gleich aus dem ungemütlichen höfischen Einflußbereich zu verschwinden. Obwohl Gerüchte über eine kurz bevorstehende Verhaftung grassierten, hielt sich Nettesheim noch eine Weile in Lyon auf. "Übrigens haben wir keine Verwendung mehr für Prosperina oder Pluto"*, schrieb Agrippa in bitterer

* Nach den antiken Sagen handelt es sich um die verhaßten, menschenfeindlichen Herrscher der Unterwelt.

brieflicher Anspielung auf die schäbige Behandlung durch Louise und König Franz (*"Epistulae"*, V, X). Freunde warnen ihn dringend davor, noch länger zu bleiben.

Während des für ihn so enttäuschenden Sommers des Jahres 1526 schrieb der vierzigjährige Agrippa das kleine theologische Traktat *"Dehortatio gentilis theologiae"* nieder, worin er sagt, daß der göttliche Wille jeder menschlichen Äußerung vorzuziehen sei. Dann folgte binnen einiger Monate die rasche Abfassung seines zweiten Hauptwerkes *"De incertitudine et vanitate scientiarum declamatio inuectiva"*. Auch hier wird die christliche Lehre der Bibel allem menschlichen Wissen, Wollen und Können vorgezogen. Das sarkastische Buch geriet als Ausdruck einer schweren Lebenskrise zu ei-

Ein Gelehrter dringt in das Jenseits vor.
Stich Anfang des 16. Jahrhunderts.
Quelle: Musée des Arts Décoratifs

nem skeptischen Rundumschlag wider die satirisch beleuchtete menschliche Torheit in allen Lebenslagen. Heftige Ausfälle waren in diesem bitteren Fazit gegen die Arroganz und den Dünkel der Mächtigen gerichtet. Aus dem persönlichen Tiefpunkt heraus schuf Nettesheim in einem Akt der Sublimation mit *"De vanitate..."* ein Werk, mit dem er einen neuen literarischen Höhepunkt erreichte.

Zwischenzeitlich verhandelte Nettesheim mit Abgesandten des Herzogs Karl von Bourbon über eine eventuelle Aufnahme in dessen Dienste. Die Sache stand nicht schlecht, bis 1527 plötzlich etwas Unvorhersehbares dazwischenkam. Der siegreiche Fürst eroberte Rom, kam bei dem Angriff aber selbst ums Leben. Die Hauptstadt der Christenheit mußte eine der schrecklichsten Plünderungen in ihrer langen Geschichte über sich ergehen lassen.

Dem intrigenreichen Hofleben konnte Agrippa noch nie viel abgewinnen, selbst wenn er gelegentlich den verschiedenen Machthabern seine überwiegend gern in Anspruch genommenen Dienste anbot. Seine Angebote unterbreitete er vorwiegend aus reiner Geldnot oder Gründen der Protektionssuche. In seinen sarkastischen Bemerkungen aus *"De vanitate..."* über das Leben bei Hofe und den Wankelmut der prunk- oder selbstverliebten Fürsten spricht Agrippa die eindeutige Sprache einer krassen Ablehnung. Überhaupt nahm mit den Jahren Nettesheims Spott an Schärfe zu, dem es auch an Bitterkeit nicht fehlte. Die klebrigen Honigworte einer Etikette zwischen Schmeichelei und Heuchelei klangen ihm wie Hohn in den Ohren. In Erasmus paradoxer Satire *"Lob der Torheit"* bilden Schmeichelei, Müßiggang, Falschheit und Wollust das strebsame Hofgesinde der Torheit, deren größte Anhänger die hohen Herrn sind. Das eitle Gegacker der eifrig um das eigene Wohl fürstliche Brotkrumen erpickenden Höflinge mußte dem Gelehrten wie das unsinnige Gestammel einer außer Rand und Band geratenen Torenansammlung vorkommen. Zu den unangenehmen Aspekten des Hoflebens gehörten neben der Unberechenbarkeit fürstlicher Launen vor allem der Fall eines Günstlings nach mehr oder minder mühsamem Aufstieg. Das hatte Agrippa auf einschneidende Weise am eigenen Leib zu spüren bekommen.

Ende 1527 verließ Nettesheim Lyon und siedelte übergangsweise nach Paris über. Erst im März 1528 erhielt er sein Entlassungsschreiben mit der Unterschrift der unberechenbaren Königin-Mutter. Kurz darauf bekam er Pässe für sich und seine Familie, um nach Antwerpen zu reisen. In Erwägung zog Agrippa auch eine baldige Drucklegung seines jüngsten Werkes.

VI

Die zynische Zunge oder über "Die Eitelkeit und Unsicherheit der Wissenschaften"

Nach einer Phase tiefer Resignation erwachte die alte Angriffslust in Agrippa und so redigierte er 1529 seine gelehrte Abhandlung über die Grenzen der Gelehrsamkeit und des menschlichen Erkenntnisvermögens, die er im Spätsommer 1526 niedergeschrieben hatte. Das skeptisch-kritische Werk konnte 1530 unter dem Titel *"De incertitudine et vanitate scientiarum et artium atque excellentia verbi dei declamatio invectiva"* in Antwerpen gedruckt werden und stieß auf ein lebhaftes Echo.

Nach einer lebenslangen ruhelosen Beschäftigung mit der christlichen Mystik, hebräischen Kabbala und den hermetischen Künsten, nach Arbeitsphasen als Arzt, Hofmann, Advokat, Historicus und schriftstellernder Philosoph hätte diese Bilanz im Stil einer satyrischen Deklamation kaum negativer ausfallen können. Wo läßt sich Beständiges und Unanfechtbares abseits aller Irrtümer finden? fragt der seinem faustischen Erkenntnisdrang nachgebende Philosoph. Die Antwort kann nicht eindeutig ausfallen. Zu loben bleibt der Esel, ein Tier von schlichtem Gemüt, das sich nicht um das Wortgeklingel der Meinungsstreitigkeiten kümmert.

Als ironische Replik auf die vielen Gerüchte um seine Person gibt Agrippa zu Anfang des Werkes vor, in einen Hund verwandelt worden zu sein, der nur noch bellen, schelten und fluchen könne. Allein das Katzbuckeln, die Fähigkeit zu schmeicheln und zu wedeln, will ihm nicht liegen. Stattdessen gelte es nun, allen akademischen Schulfüchsen und Höllenhunden zum Trotz, ein paar schöne Bisse auszuteilen. Alte Hunde lassen sich nur schwer täuschen.

Bereits in der Vorrede betont Agrippa die Einschätzung, das Buch werde wahrscheinlich Ärger heraufbeschwören. Selbst von reizbarem Gemüt, glaubt er, daß ihm gelehrte Vernunftklügler, zauberische Leutebetrüger und wahrsagerische Verblender ob seiner harschen Kritik die Pest an den Hals wünschen werden. Prahlerische Pfaffen, Mediziner, Juristen und andere Leute von Stand, die aus der menschlichen Dummheit Gold machen, werden in das Gekeife der Verwünschungen einstimmen, kaum daß sie ihr Fett abbekommen haben. Dogmatiker und Gewohnheitspedanten werden ihre Schulgötter beleidigt sehen und sogleich nach der Entfachung aller verfügbaren Scheiterhaufen verlangen. Rauchschwaden sind unter ihnen gefragter als jeder blaue Dunst.

“Nichts zu wissen: das glücklichste Leben“, heißt es im Frontispiz zu einer Ausgabe von “*De vanitate...*“. Der erste Biß in diesem kecken Satyrspiel gilt den eitlen Anmaßungen einer Wissenschaft, deren erkenntnistheoretisches Streben mehr in der Trübung aller Quellen als in der Erhellung der Dinge gipfelt. Wissenschaft und Künste sind nur Menschenüberlieferungen und damit bereits im Kern eine unsichere Angelegenheit. Nach der Erhebung des Nichtwissens zum Kulturideal wird sogar vollmundig behauptet, daß die Wissenschaft der Erkenntnis Gottes im Wege sei. “Denn nicht die Wissenschaft, sondern der gute Wille vereinigt den Menschen mit Gott, und die Wissenschaften, die äußerlich gebraucht werden, tun nichts anderes, als daß sie uns etlichermaßen Gelegenheit zu einem besseren Leben geben. Nun ist dieses nicht vollkommen, wenn uns nicht das Leben und die Natur dazu führt und anleitet. Denn man hat es zum öftern erfahren, wie Cicero pro Archia saget, daß die Natur ohne die Gelehrsamkeit mehr zum Lobe und Tugend diene, als die Gelehrsamkeit ohne die Natur. Dannenhero ist nicht vonnöten, mit so langem und schwerem Nachgrübeln die Wissenschaften sich zu imprimieren, wenn man nur Gott vor Augen hat“ (“*Die Eitelkeit...*“, I, 18).

Es scheint doch so zu sein, daß alle Erkenntnis nur flüchtig ist und den Menschen flieht. Je mehr der Mensch sucht, desto weniger wird er finden. Hat nicht sogar Cicero, "der Brunnen der Gelehrsamkeit selbst, endlich die Wissenschaft verachtet?" (*"Die Eitelkeit..."*, I, 19).

Nach einem bissigen Seitenhieb über die Würfelspielerkunst als Ursprung vielfältiger Zwietracht geißelt Agrippa in bester Humanistenmanier das Massenphänomen der epidemisch ausbrechenden Tanzwut als einen sinnlosen Zeitvertreib. Das groteske Körpertheater von profanen und sakralen Tanzvergnügungen war vielen Zeitkritikern und Publizisten mißliebig. Es galt als ein Indiz für den zu geißelnden Sittenverfall zu Beginn der frühen Neuzeit. Argwöhnisch kommentierten beispielsweise die elsässischen Humanisten das Treiben in der Sankt-Veits-Grotte nahe dem Ort Zabern. Sie lag auf dem Köpfelberg und diente den von der "Krankheit Veitstanz" befallenen Leuten als selbstgewählter Wallfahrtsort. Nach 1518 hatten in Straßburg Hunderte Menschen aller Stände angefangen zu tanzen und zu springen. Tanzwütige Besessenheitskulte schreckten Agrippas Zeitgenossen immer wieder auf und beunruhigten die geistliche und weltliche Obrigkeit.

In den nächsten Kapiteln folgt eine Reihe abschätziger Bemerkungen über die an Betrugsmöglichkeiten reiche Fecht-, Gaukler- und Kommödiantenkunst. Auch die Baukunst bleibt nicht von gravierenden Zweifeln an ihrer Nützlichkeit verschont. Höfische Bauwut und die adlige oder klerikale Prunksucht bei der Errichtung von Repräsentationsbauten verschlingen Unsummen an Geld, was Agrippa sozialkritisch kommentiert. Man betrachte nur "unsere stolzen und prächtig aufgebauten Kirchen und Glockentürme, dadurch das geistliche Geld und Almosen verschwendet wird, dadurch viel Arme (Christi wahre Kirche und Gliedmaßen) inzwischen hungern, dürsten, frieren, krank sind und Not leiden müssen, welches viel besser wäre, daß diese unterhalten würden" (*"Die Eitelkeit..."*, I, 112).

In Kapitel XXX kommt Kritik an der Sternseherkunst zur Sprache, der Unbeständigkeit und Ungenauigkeit vorgeworfen wird. Die Astronomen können sich nicht darüber einigen, wieviele Himmelssphären es eigentlich im Kosmos gäbe und lieben daher das erdichtete Geschwätz. Der Meisterastronom Agrippa gerät so recht in Rage über seine schwachbegabten Zunftgenossen und geißelt die vorkopernikanische Astronomie etliche Jahre vor der Drucklegung der kopernikanischen Werke. Er räumt sogar ein, früher selbst "abergläubisch" über die Möglichkeiten von Weissagung aus astronomischen Figuren geschrieben zu haben und resümiert: "Endlich bin ich gewahr worden, daß diese Kunst auf nichts anders bestehe und ganz und gar auf keinem andern Fundament beruhe, als auf lauter Geschwätze und erdichteten Einbildungen, und hat mich hernach die Mühe und Arbeit, so ich daran gewendet, gereuet" (*"Die Eitelkeit..."*, I, 122). Und weiter heißt es in den Ausführungen des zu Lebzeiten sehr gefragten, aber zumeist in Geldnot befindlichen Astrologen und Iatromagiers Nettesheim: "Und wollte nur wünschen, daß ich nicht mehr daran gedenken sollte. Ich wollte es auch nicht tun, wenn nicht bisweilen hoher Leute Bitte, welche anstatt der Befehle sind, und die zu solchen Sachen Lust haben, mich oftermals wiederum darzu brächten, und wenn nicht der häusliche Nutzen mir geraten hätte, daß ich mich unterweilen ihrer Narrheit gebrauchen und ihrem unnützen Geschwätze (weil sie doch Geschwätze haben wollen) gehorchen müßte. Ich sage Geschwätze; denn was begreift die Sternguckerkunst anders in sich, als lauter poetische Fabeln und Märchen, und solche ungeheuren Erdichtungen, womit sie den ganzen Himmel vollmachen?" (*"Die Eitelkeit..."*, I, 122).

Die Astrologenschelte wird im nächsten Kapitel fortgesetzt, Leichtgläubigkeit und Dummheit als größte Macht der Welt präsentiert. Auch die Statthalter der Macht wollen betrogen sein; Cäsar und Pompeius vertrauten den mit Honigworten durchsetzten Versprechungen ihrer Hofastrologen, wonach sie ein hohes Lebensalter erreichen sollten, aber angesichts eines jähen Endes konnten sie ihre Freude darüber nicht lange nähren. Wohl schauen die Sterndeuter zu den himmlischen Höhen hinauf, doch selten nehmen sie auch wahr, was in ihrer allernächsten Nähe oder zu ihren Füßen geschieht. So glauben die halsstarrigen Sterngucker zu wissen, was morgen passieren wird, sehen aber nicht, was gerade in ihrem eigenen Hause oder gar in ihrem Ehebett passiert. Diese Ansicht teilt auch der große Erasmusfreund und Lordkanzler von England Sir Thomas Morus (1478-1535), den Agrippa hier anführt. Dieser Heilige von Utopia und große Spötter vor dem Herrn betont in seinen vielen Schriften, wie nutzlos es sei, sich mit Furcht vor kommenden Unheil zu quälen. Das Motiv vom betrogenen, kurzsichtigen Astrologen, das uns später noch einmal in einem gegen Agrippa selbst gerichteten Zusammenhang begegnen wird, hat Morus in verschiedenen Epigrammen variiert. Eine kleine Kostprobe soll hier nicht vorenthalten bleiben.

> "Saturn steht zu weit entfernt und ist schon erblindet,
> so sagt man,
> er unterscheidet Kind und Stein selbst aus der Nähe
> nicht mehr.
> Luna, die Schöne, wandelt einher mit schamhaftem Blick,
> selbst eine Jungfrau, sieht sie Jungfräuliches nur.
> Jupiter sieht Europa, Mars Venus und Venus den Mars nur,
> Phöbus sieht Daphne, Merkur sieht Hyrce allein.
> Daher kommt es, o Astrologe, daß die Gestirne
> nichts davon verraten, daß deine Frau Liebhaber hält".

War die Chiromantia oder Handlesekunst im Werk über die okkulte Philosophie noch gelobt worden, wird sie im Kapitel XXXV von "*De vanitate...*" als untaugliches Mittel zur Erlangung von Wissen über die Zukunft verworfen. Auch die spekulationsreiche Kunst der Traumdeutung handelt Agrippa in diesem Sinne ab und bedenkt sie mit einem Lehrsatz des antiken Poeten Euripides, der meinte: "Welcher wohl raten kann, der soll der beste Wahrsager sein."

Auch die von Agrippa in Jugendjahren so hoch gepriesene "magia naturalis" als Wunderkunst durch natürliche Mittel bleibt im XLII. Kapitel nicht von Kritik verschont, obgleich Nettesheim die Magier auch hier "die akkuratesten Erforscher der Natur" nennt. Mohren und Indianer hätten diese für Täuschungen gefährlich anfällige Kunst von Natur aus verstanden, die die Pythagoräer erst wieder mühsam erlernen mußten. Die antiken Schriften eines Zoroasters, Hermes oder Salomo enthalten nach Ansicht des skeptisch gewordenen Schriftstellers ebenso wie die mittelalterlichen Studien eines Albertus Magnus, Ramon Lull oder Roger Bacon* neben allerlei Wissenswertem und nützlichen Informationen auch manchen Aberglauben.

Ausdrücklich distanziert sich Nettesheim im gleichnamigen Kapitel von aller "Teufelsbannerei und Schwarzkünstlerei", die er für scheußlich und verflucht hält. Kritik hatte er auch schon in dem um die Wiederherstellung der alten Reinheit in der Magie bemühten Werk *"De occulta philosophia"* geübt. Nekromanten und Teufelsbündner beflecken für ihre niederen Zwecke die Reinheit des Himmels. Ihre ruhmredigen Zauberbücher zieren falsche Namen und erdichtete Titel. Mit ihrem Hang zur unfruchtbaren Grübelei sitzen sie großsprecherischem Fabelwerk auf, gehen in die Irre und vertauschen Sein mit Schein.

Der skeptische Ton erinnert an das *"Prognosticon vetus in Agrippinarum archivis inventum"*, ein anderes kleines Werk aus Nettesheims Feder, das als astrologiekritische Schrift irgendwann zwischen 1515 und 1530 in Frankreich entstanden sein muß. Bedenken gegen die üppig wuchernde Mode, die nächste Zukunft durch Prophezeiungen in Erfahrung bringen zu wollen, werden halb ernsthaft, halb satirisch vorgetragen.

In Kapitel IX "De arte Lulli oder Dass man von allen Dingen zu diskutieren weiß" beklagt Nettesheim, daß das seit

---

* Über Roger Bacon erscheint demnächst im Verlag Clemens Zerling eine eigene Biographie.

dem Mittelalter durch den katalanischen Mystiker Ramon Lull (1232-1316) bekannte Verfahren magischer Buchstabenkombinierung den zeitgenössischen Gelehrten nur noch zur aufschneiderischen Prachtentfaltung des eigenen Könnens dienen würde.

Agrippa
als Vexierbild
Künstler unbekannt.

Heftig fällt auch die Attacke gegen die Kabbala in Kapitel XLVII aus, deren Kenner Agrippa zeit seines Lebens war. Umso unverständlicher ist an dieser Stelle, warum Nettesheim hier so ergrimmt vom Leder zieht. Den Kabbalisten wirft er vor, mit ihren spitzfindigen Buchstabenspielereien und Zahlenkombinationen Gottes Wort aus den Satzkontexten zu reißen und damit Gewalt anzutun. Sie verbergen die Geheimnisse des christlichen Glaubens unter den Mystifikationen ihres aufdringlichen Geschwätzes, anstatt für Offenbarungen zu sorgen. "Bei ihnen ist niemand klug, als der, welcher große Monstra dieser Ketzerei auszubrüten weiß" (*"Die Eitelkeit..."*, I, 176).

Überhaupt gibt sich Agrippa hier und im nächsten Kapitel "De praestigiis oder Von der Verblendung und Gaukelei" sehr aufklärerisch, betont er doch die enge

Verwandschaft zwischen Magie und Gaukelei. Er meint, daß die Magie “gewisse Phantasmata und Gesichte herfürbringen und viel Wunderwerke durch ihre gauklerische Possen uns für Augen stellen, auch die Menschen träumen lassen, welches nicht sowohl geschieht durch Bezauberung oder teufelische Sprüche, als durch Raucherei und Dämpfe, durch Lichter oder Verblendungen, Tränke, Salben, Binden, mit Ringen, mit Bildern, mit Spiegeln und andern natürlichen und zu dieser Kunst geschickten Drogen und Instrumenten“ (“*Die Eitelkeit...*“, I, 176).

Anderes geschieht durch Taschenspielertricks oder durch den listigen Einsatz mechanischer und optischer Hilfsmittel. Der satirische Tonfall klingt immer mehr ab, und Agrippa geht soweit, zu sagen, daß für ihn “die Magia nichts anders sei als ein Gemisch von Götzendienst, Astrologie und abergläubischer Medizin, und daß von diesen Magis ein großer Haufe Ketzer in die Kirche kommen sind“ (“*Die Eitelkeit...*“, I, 178).

Vielleicht sollte diese Passage auch nur den ganz sicher auf den Plan tretenden Kritikern den Wind aus den Segeln nehmen. Die Ablehnung gipfelt in dem Bekenntnis: “Ich als ein Jüngling habe von dieser Kunst drei Bücher geschrieben, und zwar sehr weitläufig und habe sie titulieret de Occulta Philosophia, oder von der verborgenen Weisheit; was ich darinnen aus Kützel der Jugend geirret habe, das will ich jetzo, der ich nun klüger worden bin, revozieret und um Verzeihung gebeten haben; denn ich habe viel Zeit und Mühe mit dieser Eitelkeit zugebracht, und habe endlich dieses daraus gelernet, daß ich weiß, wie man andern von diesem schändlichen Wesen soll abraten.

Welche derohalben nicht durch Wahrheit, sondern durch Betrug des Teufels nach der Wirkung der bösen Geister prophezeien und weissagen, und durch diese magischen Vanitäten, Bezauberungen, Incantationes und andere teuflische Werke, durch Betrug der Götzendienste, Gaukeleien, Phantasmata und andere dergleichen Wundersachen sehen lassen und sich berühmet machen wollen, dieselben sollen wissen, daß sie mit Jamne,

Mambre und Simone Mago zu dem ewigen Feuer verdammet sind" (*"Die Eitelkeit..."*, I, 179). Dieses Plädoyer beziehungsweise diese Kanzelrede gegen sich selbst will nicht ganz glaubhaft klingen, zumal Agrippas *"De occulta philosophia"* kurz nach *"De vanitate..."* im Druck erschien. Widersprüchlichkeiten kennzeichnen das faustische, von Glauben und Zweifeln geprägte Wesen Agrippas.

Das Kapitel LII erhält eine kulturhistorisch fundierte Kritik der antiken und zeitgenössischen Seelenvorstellung und beginnt mit einem Exkurs über die Frage, welchem Element "das flüchtige Ding Seele" denn zuzuordnen sei. Dazu werden die unterschiedlichen Meinungen angeführt, was beweisen soll, daß die alte Philosophie letztendlich nur eine Spielart der Poesie ist. Das starke antike und frühneuzeitliche Interesse an der, von Pico so genannten, "Kultur der Seele" erscheint unter Agrippas polemischer Federführung wie eine Schießbudenvorstellung im Meinungszirkus, bei der am Ende mit Ausnahme der Knalleffekte alles ungewiß bleibt. Dann folgt ein seltsam anmutendes Bekenntnis zur Seelenwanderung: "Die Seelen sind allerdings unsterblich und wann sie einmal ihre alte Behausung verlassen, begeben sie sich in eine andere. Ich selbsten, wie ich mich erinnere, war zu Zeiten des Trojanischen Krieges der Euphorbus Panthoides, welcher von dem jüngern Atriden erstochen wurde, und habe noch neulich das Schild im Tempel der Juno zu Argus gesehen" (*"Die Eitelkeit..."*, I, 196).

Kraß fällt des Humanisten Urteil über die Auswüchse der lutherischen Reformation und ihrem Widerstreben gegen die Erasmianer als Ausdruck der allgemeinen religiösen Krise aus, "und aus den evangelischen Lehrern sind Pseudo-Propheten, Ketzer und Philosophi worden, welche der Menschen Erfindungen den göttlichen Oraculis gleich geachtet haben, und mit närrischen und veränderlichen Menschensatzungen beflecket, und haben die reine und schlechte Theologie zu weitläufigem sophistischem Geschwätze und zu einer chimärischen Mathematika gebracht" (*"Die Eitelkeit..."*, I, 200).

Nach den grundsätzlichen Zweifeln am menschlichen Erkenntnisvermögen sowie der Kritik an der Magie und ihren Autoritäten poltert Agrippa in Kapitel LXI zornig gegen die Kirchenobrigkeit los: "Denn wer nicht zu diesem großen Apostelamt und Dignität durch den heiligen Geist berufen ist, wie Aaron, und wer nicht durch die Türe, welche Christus ist, eingangen, sondern wo anders in die Kirche eingestiegen ist wie durchs Fenster, entweder durch Gunst der Leute oder durch erkaufte Stimmen oder durch die Macht der Fürsten, der ist Christi Statthalter oder der heiligen Apostel Nachfolger nicht, sondern er ist ein Dieb und ein Mörder und vertritt die Stelle des Judae Ischarioth oder des Simonis Samaritani" ("*Die Eitelkeit...*", I, 246).

Längst ist der Jurist in Agrippa wachgeworden, der hier heftig gegen Ämterkauf, Machtmißbrauch und Korruption zu Felde zieht. Ungebremst wütet seine scharfe Feder gegen die Vertreter der Geistlichkeit, welche saugen "Mücken raus und verschlingen ein Kamel, sie straucheln über ein Steinchen und über die großen Steine springen sie weg; sind blinde Führer, sind falsch und betrüglich; sind nichts als Schlangenbruten, blank gescheuerte Kelche, übertünchte Gräber, von aussen in Mitren, in Hüten, in Kleidung, in Habit und in Kappen stellen sie sich, als wann sie die Gottesfürchtigsten wären und denen Heiligen die Füße abbeißen wollten. Inwendig aber sind sie voller Unflat, Heuchelei und Schalkheit, sie sind Hurer, Gaukler, Tänzer, Hurenwirte, Spieler, Schlemmer und Prasser, Vergifter und Trunkenbolde" ("*Die Eitelkeit...*", I, 248).

Agrippa war nicht der einzige Schriftsteller seiner Zeit, der Kirchenkritik mit scharfer Satire oder mit utopischem Denken verband. Ein beredtes Beispiel für die satirisch-utopische Mönchsschelte gibt der ehemalige Franziskaner und Zeitgenosse Agrippas, François Rabelais, in seinem "*Gargantua*" - Roman. Hier hat er sich ein weltliches Kloster jenseits des kirchlichen Zwanges erträumt, in dem man ganz freiwillig nach dem Motto lebt: "Tu, was Dir gefällt." Die

Inschrift über der großen Eingangspforte von Thelema lautet:

> "Heuchlern und Frömmlern - Eintritt verboten!
> Scheinheilge Mönche, Enkel der Goten,
> Duckmäuser, Gimpel, Gog und Magog,
> lumpige Bettler, Säufer am Trog,
> Schelme und Schurken, Kutten und Zänker,
> Streithammel, Ochsen und muffige Stänker,
> ihr Mistgesindel, schert euch fort
> und sucht euch einen andern Ort!
> Eure schlechten Bräuche
> sind wie eine Seuche.
> Doch wir wollen singen,
> und es wird gelingen,
> daß man weit verscheuche
> eure schlechten Bräuche"
> (*Rabelais*, 173).

Das Kapitel LXI endet mit einem versöhnlich klingenden Textabschnitt über das Ideal der Priesterschaft, der dem überraschten Leser wie ein halber Rückzieher vorkommen muß, ehe mit dem Kapitel LXII die nächste Tirade der Pfaffenschelte folgt. Hier werden die einzelnen Mönchsorden aufgezählt und mit sprachlichem Bombast travestiert, da ihre Mitglieder sich häufig nur simulierter Frömmigkeit und nahrhafter Bettelei hingeben, was diesen schlecht "verkappten Monstern" des Bauchkultes ein gewisses Wohlleben garantiert. Das Heer der Bettelmönche kommt Nettesheim wie ein Haufen mit Stricken gefangener Straßenräuber vor. Man könnte sie wegen der geschorenen Köpfe auch für über Land ziehende Narren halten, denen nur die Schellen an den Kappen fehlen, um sie wie Fastnachtsnarren aussehen zu lassen. Gleichwohl kritisiert Agrippa, der sich später brieflich gegen das chiliastische Christentum der Widertäufer 1535 zu Münster wandte, am Schluß Kirchenspaltung und jede Form von

Sektiererei, die nur Heiligkeit simuliert, die Einigkeit in der Religion aufhebt und “Christi Gliedmaßen teilt“.
Das erste Buch über die “Eitelkeit und Unsicherheit“ endet mit einer kritisch-polemischen Bestandsaufnahme der fürstlichen Hofhaltung, der man im allgemeinen getrost eine gewisse Ziel- und Maßlosigkeit unterstellen könne, wie viele angeführte Beispiele lehren und wie der ehemalige Hofmann Agrippa aus eigener Erfahrung beziehungsweise Anschauung wußte.

Der zweite Band beginnt mit einer nachdenklich stimmenden Psychologie des Schindens und Schacherns im Rahmen frühbürgerlicher Kaufmannschaft. Betrügerisches Verkaufen, falsches Wiegen und Beeiden, Übervorteilung und rücksichtsloses Gewinnstreben sind die hausbackenen Leiden, die diesen rast- und ruhelosen Stand auszeichnen. Im ehrlosen Treiben übereifriger Kaufleute, gepaart mit Machthunger, läge eine Gefahr für jedes große oder kleine Gemeinwesen. Der skrupellose Einsatz von Geld als Druckmittel bestärkt das Spekulantentum und unterminiert die politische und zwischenmenschliche Redlichkeit. Kaufmänner sind ebenso wie Wucherer und Zinseintreiber billige Christen, die Gott nicht gefallen können.

Nach Bemerkungen über Ackerbau, Viehzucht und die Jagd folgt ein langes Kapitel über die Kriegskunst, die Königreiche und Länder stabilisiert oder verwüstet. Agrippa bringt eine sachkundige Aufzählung der strategischen Möglichkeiten militärischer Planspiele zu Lande und zu Wasser, ehe er die Kriegskunst als grundsätzlich schädliche Disziplin und irrsinnige Totschlägerei verwirft. Nicht nur fürstliche Besitzgier und Raublust, sondern die Kirche selbst hat die Anhebung der Gewaltspirale zu Beginn der frühen Neuzeit kräftig gefördert. “Ja die Kriegskunst hat endlich, ohnerachtet Christus selbst widersprochen, einen nicht geringen Grad in der Kirche erhalten; da sind so viel Sekten und Orden heiliger Soldaten und Streiter entstanden, deren Religion und Andacht doch in nichts anders als Blutvergießen, in Mord und

Totschlag und in Raube und Piraterie bestanden, aber alles ist mit dem Deckmantel der Religion bemäntelt, und als wann es zur Ehre Gottes, zur Verherrlichung der Kirche und des christlichen Glaubens abgesehen wäre, vorgewendet worden; gleich als wann Christus sein Evangelium nicht durch Lehren und Predigen, sondern durch Gewehr und Waffen, nicht durch Reue und Martyrium, sondern durch Drohungen, Krieg, Mord und Totschlag hätte wollen bekanntmachen" (*"Die Eitelkeit..."*, II, 28f).

Das Dienen um der Beute willen ist eine widerchristliche Verirrung. Die Söldnerheere kommen Agrippa wie ein einziger großer Körper vor, dessen Kopf nur der Teufel selbst sein kann. Und so leisten die christlichen Befehlshaber in den vielen verhehrenden Schlachten um die Jahrhundertwende letztendlich nur Teufelsdienst. Die Hauptleute nennen sich Grafen, Freiherrn, Ritter und Kapitäne, sind aber unter ihren richtigen Namen Strauchdiebe, Einbrecher, Mordbrenner und Schinder. Mancher von ihnen wird in den Adelsstand erhoben, den Agrippa im nächsten Kapitel zerpflückt. Grausame Sitten, Treulosigkeit in Bündnisfällen und Habsucht zeichnen das adlige Geschlecht aus, das dem Krieg als Vater aller Dinge seinen Ursprung verdankt. Bereits Kain ist als Ahnherr dieses hohen Standes anfällig für jede Art von Schurkerei gewesen. Der Totschlag markiert den Anfang einer jeglichen Adelsgenealogie. Nach einem Gang durch die Kulturgeschichte der von Adeligen gestifteten Metzeleien und Mordtaten folgt noch eine Qualitätsbeschreibung der hochherrschaftlichen Verstellungskünste, ehe das Für und Wider des Tyrannenmordes erörtert wird. Es folgt eine kleine Zoologie des Adelsstandes nach dessen verschiedenen Wappentieren. Man darf sich nicht wundern, daß der Adel neben Mordinstrumenten vor allem wilde Monster oder schädliche Tiere wie Geier, Raben oder Wölfe im Schilde führt. Diese Zeichen sind nur die äußeren Merkmale innerer Qualitäten.

Am Ende heißt es lakonisch über Geschmacksverirrungen bei gewissen menschlichen Wertungen: "Aus den Bäumen aber werden keine oder wenige den Göttern konsekrieret oder für edel gehalten, ausser welche ganz unfruchtbar oder dem Menschen keine eßbare Frucht geben, als wie die Eiche, die Hageiche, der Lorbeer- und der Myrthenbaum. Unter den Steinen wird nicht der Marmel, nicht der Baustein, nicht der Mühlstein, sondern die Edelgesteine, welche doch dem Menschen keinen Nutzen bringen, für die edelsten gehalten. Also auch unter den Metallen ist das verderbliche Silber und das mehr als das Eisen schädliche Gold allein für wert und adelig gehalten, um deren willen soviel Blut vergossen worden ist" (*"Die Eitelkeit..."*, II, 56).

Nach einem längeren Kapitel über "De Arte Heraldica oder von der heraldischen Kunst in Erfindung sonderlicher Zeichen und Farben in Schilden und Wappen", in dem an Spott über diese Afterkunst nicht gespart wurde, kommt es zu einem Themenwechsel. Mit scharfem diagnostischen Blick wendet sich Agrippa auf den nächsten Seiten der Medizin und dem ärztlichen Können zu. Als Experte in dieser Sache hält er sie oft für gefährlicher als die Krankheit selbst. In seinen Augen ist die Medizin nur "auch eine Kunst, die Leute zu töten" (66), frei nach den bekannten Volkssprüchen "Neuer Arzt muß neuen Kirchhof haben" oder "Die Fehler der Ärzte deckt die Erde zu". Einige Mediziner lassen nichts unversucht, um die Krankheit zu verschlimmern, weil sie wahrscheinlich mit gewinnsüchtigen Apothekern und anderen wahren Giftmischern unter einer Decke stecken, mutmaßt der ehemalige Leibarzt Nettesheim. Gewiefte Pfuscher pflegen immer erst die eigene Geldnot zu kurieren, deshalb soll man sich der Medici enthalten, durch deren Hilfe mehr Menschen gestorben als genesen sind.

In Kapitel XL wird die Goldmacherkunst erneut aufs Korn genommen, da sie zu Betrug und Selbstbetrug verleiten kann. Halbgelehrte, Seifensieder und Sudelköche betreiben die Alchemie nicht zum Zwecke einer Veredelung der menschlichen Seele, sondern aus Gründen eines schnöden Gewinnstrebens. "Sie haben sich eine treffliche Belohnung ihrer Mühe und Arbeit versprochen, eine annehmliche Geburt großer Goldklumpen oder neue Jugend und immerwährende Gesundheit zuwege zu bringen, aber sie erlangen nichts anders, als nach verlorener Zeit und Arbeit und vielen Spesen und Unkosten lauter Ungesundheit, ausgeleerte Beutel und zerlumpte Kleider, welche nach nichts anders als nach Schwefel, Kohlen und Ruß stinken. Auf die Letzt aber werden sie durch das giftige Anrühren des Quecksilbers paralytisch oder gelähmt, und ihr Nasenfluß ist ihr einziger Reichtum und so gehen sie einem armen und erbärmlichen Ende entgegen; diese Leute werden so elende, daß sie für drei Pfennige ihre Seele verkaufen und verdestillieren sollten, da sie endlich an ihnen erfahren haben, daß sie aus Goldmachern Krankmacher und aus Medicis Bettler wurden, aus Seifensiedern Branntweinverkäufer; sie prostituieren sich dergestalt mit ihrer Narrheit, daß sie endlich Fabula vulgi und ein Spott der Leute werden. Und da sie in ihrer Jugend sich nicht damit begnügen wollten, ihr Leben bescheiden und ehrlich hinzubringen, müssen sie jetzt, nachdem sie so lange diesen schändlichen goldmacherischen Betrug ausgeübt haben, in ihrem Alter krepieren oder betteln gehen" ("*Die Eitelkeit...*", II, 113).

Solchermaßen zum öffentlichen Gespött geworden haben sich die um Selbstverwandlung in Richtung Ruin bemühten Goldmacher völlig niedergewirtschaftet. Als Jurist führt Agrippa noch an, daß sich viele leichtfertige Goldköche nach dem Scheitern ihrer profanen Experimente auf Münzfälschungen verlegen, was hart zu bestrafen sei.* Es folgen noch ein paar rätselhafte, bewußt unklar gehaltene Bemerkungen über die Beschaffenheit des Steins der Weisen, auch "Lapide philosophico" genannt. Die edle Kunst des Glasblasens ist aus der Alchimie hervorgegangen, wiewohl letztere im Kern undurchsichtig bleiben muß.

Nach Abschnitten über Aspekte der Jurisprudenz und die Verankerung des kanonischen Rechts in der christlichen Religion kommt Agrippa auf die Advokatenkunst an sich zu

* "Arg-Chymisten" nannte deswegen der paracelsische Arzt und Agrippa-Experte Heinrich Khunrath (1560-1605) die betrügerischen Alchimisten.

sprechen. Die "Arte Advocatoria" nennt er eine "recht betrügerische Kunst, welche mit dem Deckmantel der Überredung arglistig und schön geziert ist" (II, 131). Die Beherrschung dieser Kunst erfordert es, "wacker zu schreien, waschhaftig und lästig zu sein". Dann kommt er auf Notare in ihrer Eigenschaft als Rechtsverdreher und Zungendrescher zu sprechen. Beharrlich zieht er Ehrlichkeit und Integrität von manchem seiner Berufsgenossen in laute Zweifel.

Ziel der nächsten Attacke in Kapitel XCVI "De Arte Inquisitorum" sind die "papistischen Aufseher" in der Religion. Ihnen hält Agrippa vor, die heilige Schrift zu verwerfen oder nur, in anti-kabbalistischem Sinne, als Ansammlung toter Buchstaben zu betrachten. Die Ketzerverfolgung ist nicht nur Unrecht, sondern die Inquisitoren, "diese blutgierigen Raubvögel" (II, 139), sind oft selbst mordgierige Ketzer. Räuberische Angeber thronen auf den Richterstühlen und wehe dem, der ihnen aus unbedarfter Sorglosigkeit in die Hände fällt. Unter der Folter werden Geständnisse aus den armen Opfern herausgepreßt, damit die Inquisition etwas zu strafen habe. Die beutegierigen Inquisitoren wittern überall Gelegenheiten, sich die Hände zu versilbern. "Auch weil der Ketzer Gut dem Fisco anheim fället, so raubet der Inquisitor auch mit davon. Ja die bloße Anklage und Denunziation oder der bloße Argwohn der leichtesten Ketzerei oder Zauberei, die träget Infamiam auf dem Rücken; Diese nun zu vermeiden, das bringet dem Inquisitori oft ein großes Geld ein" (*"Die Eitelkeit..."*, II, 140).

Dann gibt Nettesheim noch einige Beispiele von skandalösen Inquisitionsprozessen, die großes öffentliches Aufsehen erregten, so der Reuchlinstreit in Köln, Erpressungsversuche der Glaubenshüter in Mailand und schließlich der Prozeß in Metz. Dort war Agrippa im Jahre 1519 als Verteidiger einer der Hexerei bezichtigten Bauersfrau in den Strudel der Inquisition geraten, wie in Kapitel IV dargestellt.

Sodann werden im Kapitel "De Theologia Scholastica" spitze Pfeile gegen die päpstliche Schullehrertheologie verschossen, die man aufgrund ihres engen Horizontes unter keine

Die ungerechten Richter.
Aus der bambergischen Halsgerichtsordnung, 1510

Kunst rechnen kann. Die scholastischen Theologen an der Sorbonne-Universität zu Paris, Hauptfeinde des humanistischen Fortschritts- und Bildungsoptimismus, haben es zu einer wahren Meisterschaft darin gebracht, "selbsterdichtete Meinungen zu schmieden, der Schrift ihre Deutung aufzuzwingen" (II, 144). Ihre Streitsucht kennt ebenso wie ihre Lust zum Intrigenspiel keine Grenzen. Wie Marktschreier speien sie von der hohen zur Possenbühne degradierten Kanzel auf das Volk herunter. Ihre Auslegungen der heiligen Schrift beleidigen das göttliche Wort, das über allem steht. Wenn sie nicht mehr weiter wissen, lassen sie sich Lügen einfallen, wie es die falschen Propheten von Anbeginn der Zeit getan haben und noch tun.

Nachdem die menschlichen Schwächen und gesellschaftlichen Mißstände in Kirche und Staat umfassend gegeißelt wurden, verwirft Agrippa im Kapitel C "De Verbo Dei oder vom Worte Gottes" das menschliche Erkennen als insgesamt fehlerhaft und ungenügend. Dahinter steht die Einschätzung, daß auch eine lediglich auf Klügeleien und die Teilung von Teilwahrheiten bedachte Vernunft jenseits der Humanität schnell zu einer häßlichen Fratze gerinnen kann. Da die Ungewißheit der größte und unberechenbarste Faktor im menschlichen Leben zu sein scheint, hält man sich besser an das klare Wort Gottes, das dem menschlichen Geist Ruhe und Labung verspricht. Das über allem stehende schlichte Gotteswort wird von Agrippa in den Rang eines Prüfsteins der Möglichkeiten menschlicher Wahrheitsfindung erhoben, auch wenn es alles humane Begreifen übersteigt. "Derowegen müssen wir an dem Worte Gottes alle Wissenschaften, Disziplinen und Meinungen, gleich wie das Gold an einem Lydischen oder Probierstein prüfen und zu demselben als zu einem sichern und harten Felsen unsere Zuflucht nehmen. Daraus müssen wir allein aller Sachen Wahrheit erjagen und von allen Disziplinen und Wissenschaften urteilen, unbekümmert um andre Meinung der gelehrtesten Herren" (*"Die Eitelkeit..."*, II, 167).

Als einzige wissenschaftliche Tätigkeit von Wert erkennt Agrippa lediglich eine um die Rückkehr zu den alten Quellen bemühte Bibelkunde erasmischen Zuschnitts an.

Es folgt das Lob der einfachen, erasmisch geprägten Frömmigkeit neben dem Lob einer "edlen Einfalt", wie es später auch Vertreter des Klassizismus anstimmen sollten. Dann läßt der spöttische Skeptiker noch einmal Künste und Berufe, von denen er selbst einige als Arzt, Orator und Historicus ausprobieren konnte, Revue passieren, um sie allesamt zu verwerfen. Gerade die Geschichtsschreibung stecke voller Fälschungen und Widersprüchlichkeiten. Der Mensch nimmt sich und die Welt durch die Sinne wahr, doch ist sein Horizont und auch sein Wahrnehmungsvermögen gemeinhin sehr beschränkt. Selbst- und Sinnestäuschungen trüben die Möglichkeiten des Wissens, erzwingen geschärfte Aufmerksamkeit und mehrmalige Überprüfung des Geschauten. Solche Gedanken pflegte auch Michel de Montaigne (1533-1592), für dessen 1588 gedruckte *"Essais"* Agrippas *"De vanitate..."* an manchen Stellen und Intentionen eine Art Vorläufer gewesen sein mag. Dies ist schon deshalb anzunehmen, weil auch der skeptische Montaigne gleich Agrippa in den wun-

Illustration von Hans Holbein zu Erasmus, "Lob der Torheit"

dersamen Fabeleien über das Vermögen von Hexen vor allem auch Beweise für die Unzulänglichkeit des menschlichen Wahrnehmungsvermögens und Urteilens zu sehen vermochte.

Im Kapitel CI "De Scientiarum Magistris" erklärt Nettesheim, daß die ungewissen und zweifelhaften Meinungen der Wissenschaft keine Ersatzreligion bilden dürfen. Fast am Ende des Werkes steht, in Anlehnung an das *"Lob der Torheit"* des Erasmus, "ein Zusatz vom Lobe des Esels", dessen Friedfertigkeit, Langmut und Geduld als beispielhafte Vorzüge ausgegeben werden. Apostel und Urchristen hätten jene einfache Reinheit des Herzens besessen, die der Esel symbolisiere, meint Agrippa schlicht. Auch der Philosoph Apuleius mußte sich der Verwandlung in einen Esel unterziehen, um hinter die Geheimnisse der Isis zu kommen. Schlug nicht Samson mit der Kinnbacke eines Esels auf die Philister ein? Von allen Tieren, die im Neuen Testament erwähnt werden, gebührt dem Esel als Reittier Christi der vornehmste Platz. Er war buchstäblich Träger eines Mysteriums, wer kann das sonst von sich behaupten? Werdet wie die Esel, statt wie die Philosophen zu blöken, rät der skeptische Kulturpessimist Nettesheim.

Letztlich ist alles sinnlos, und auch die intellektuellen Bemühungen des Menschen sind so vergeblich wie jedes wechselhafte Ringen um Wissen. Skeptischer hätte das Fazit dieses umfangreichen Werkes im Rahmen einer vielstimmigen Torheitsrevue kaum gezogen werden können. Das Buch sollte auch später noch Einfluß auf Freidenker, Satiriker und Libertins ausüben.

Der predigende Maulesel.
Karikatur auf die Jünger Jesu nach einer Gemme.

Bei seinem Erscheinen 1530 stieß das kritische Bekenntnisbuch mit dem satyrischen Einschlag nicht auf taube Ohren. Eine große Nachfrage sorgte dafür, daß es bis zu Agrippas Tod in acht nachweisbaren Auflagen erscheinen konnte. Findige Herausgeber legten eine verdeutschte Fassung von *"De vanitate..."* mit dem *"Lob der Torheit"* des Erasmus zusammen und ließen beide Texte in Ulm als Sammelwerk erscheinen. Der unermüdliche Sebastian Franck, der einen untrüglichen Sinn für alles Paradoxe besaß, ließ noch ein undatiertes *"Lob des Esels"* folgen. Allein die beleidigten Theologen und Mönche stimmten ein lautes Gebrüll des Protestes an.

Mit einem titanischen Epigramm über die Vielzahl seiner Darstellungsabsichten entläßt Agrippa seine Leser aus dem literarischen Rollenspiel:

> "Unter Göttern Momus, der keinen ungeneckt läßt;
> Unter Heroen Herkules, der alle Ungeheuer verfolgt;
> Unter Dämonen, der König der Unterwelt
> wütet gegen alle Schatten;
> Unter Philosophen, Demokritos lacht über alles;
> Entgegen steht Heraklitos, der über alles weint;
> Nichts weiß Pyrrho
> Und alles glaubt Aristoteles zu wissen;
> Alles verachtet Diogenes.
> All das vermag hier Agrippa:
> Verachtet, weiss und weiss nicht,
> weint, lacht, wütet, verfolgt und neckt,
> Er selbst ist ein Philosoph,
> ein Dämon, Heros, Gott und Alles".

VII

Vom Ende oder Freunde, Feinde, Roßtäuscher

Nach einigen Begleitschwierigkeiten mit der Anerkennung von Reisepaß und Grenzübertritt praktizierte Agrippa ab 1528 als Arzt in Antwerpen, wo man ihm einen ehrenvollen Empfang bereitete. In dieser Stadt widmete er sich auch wieder verstärkt alchimistischen und mechanischen Experimenten, die viel Zeit und Geld verschlangen. Bald konnte er seine Kinder und seine kränkelnde Ehefrau in die Stadt Antwerpen nachkommen lassen. Vorübergehend fand er einige Gönner, die ihn mit dem Einsatz ihrer Vermögen unterstützten. Diesen Leuten vermittelte er auch einen Teil seines Wissens über die Geheimnisse der Natur und die experimentelle Praxis der "magia naturalis". Auch gelegentliche astrologische Kalkulationen verbesserten die stets schwierige Finanzlage Agrippas. Freunde führten Nettesheim wiederholt neue Klienten zu, unter denen sogar Mönche waren.

Als Arzt war er ebenfalls gefragt; so begab er sich auch in benachbarte Städte, um Patienten zu behandeln, die ausdrücklich die Hilfe des weit gereisten Arztes verlangten. Ohne Erfolg bemühte er sich darum, Leibarzt der Margarete von Österreich zu werden, die als Regentin der Niederlande in Mechelen residierte. Ärger mit den Medizinerkollegen handelte sich Nettesheim ein, als er das Prinzip der freien Arztwahl und einen Mann verteidigte, der ohne Erlaubnis der Fakultät als Medicus praktiziert hatte.

Mit dem Tod seiner zweiten Frau am 17. August 1529 traf Agrippa erneut ein harter Schlag, hinterließ sie ihm doch neben den anderen Sprößlingen das erst ein halbes Jahr alte Kleinkind. Mit Ausnahme des Leibpagen Herkules starben auch mehrere Diener an der Pest. Vorsichtshalber ließ Nettesheim seine Kinder außer Landes bringen. Zunächst versank er in tiefe Depression, dann nahm er sich wieder der vielen Kranken in Antwerpen an.

Nach Jana Louisas Tod erreichten Agrippa Briefe von Freunden jenseits der Alpen, die ihm eine Rückkehr nach Italien nahelegten. Auch ein Angebot des englischen Königs Henry VIII. traf in Antwerpen ein, da der blaubärtige Monarch Schützenhilfe im Federkrieg um seine Scheidungsaffäre suchte. Auch die Gegenseite wollte den rhetorisch versierten Advokaten und Schriftsteller gern für sich gewinnen. Doch Nettesheim hegte andere Pläne und wollte sich zunächst lieber um seine Studien der Magie und die Herausgabe seiner Werke kümmern. Auffällig ist zu diesem Zeitpunkt, wie auch 1526 während der Abfassung von *"De vanitate..."*, daß Agrippa auf einen schweren Schlag im Ringen um das psychische Gleichgewicht wieder mit einer relativ introvertierten und arbeitsreichen Lebensphase reagierte. Zudem sah der vergeistigte Mann in den gefährlichen Zeiten grassierender Epidemien die eigene Lebenszeit unerbittlich zerrinnen.

Ab 1529 wirkte Nettesheim als kaiserlicher Archivar und Historiograph am Hof zu Mechelen in den Niederlanden. Endlich hatte Margarete von Österreich dem umtriebigen Schriftsteller und Philosophen Gehör geschenkt. Als gelehrter Historiograph brachte Agrippa einen offiziellen Bericht über das Krönungsritual von Kaiser Karl V. (1500-1558) zum König der Lombardei im Februar 1530 zu Papier. Im gleichen Jahr folgte noch eine Grabrede auf die plötzlich verstorbene Margarete von Österreich und ein Panegyrikus.

Zwischenzeitlich hatte Nettesheim seine größeren Schriften mehr oder minder sorgfältig redigiert und zum Teil aktualisiert. In Mechelen erhielt Agrippa nach langem Tauziehen schließlich das kaiserliche Privileg, also die urheberrechtlich befristet geschützte Erlaubnis, einen Teil seiner Bücher, einschließlich der Hauptwerke, in Druck zu geben. Eifrig machte er sich an diese aufwendige Arbeit und löste damit eine Sogwirkung aus, die ihn selbst fast verschlungen hätte. In einem Brief an einen Freund schrieb Nettesheim, er hätte *"De vanitate..."* geschrieben und veröffentlicht, "um träge und denkfaule Geister aufzuschrecken". Diese Provokation verhallte nicht ungehört und das im Grad der Empörung vereinte Mönchstum reagierte "mit Fingerschnippen, Händeringen, Zähneknirschen, Toben, Spucken, Nägelkauen, Fußstampfen und anderen offensichtlich verrückten Verhaltensweisen", wie der furchtlose und zu jeder Polemik bereite Autor schelmisch feststellte. Es war ihm klar, daß ihn die Mönche mit ihrem Haß, Ränken und Intrigen verfolgen würden.

Mit der Verwirrung stiftenden Publikation von *"De vanitate..."* im Jahr 1530 war Agrippa gewissermaßen als Sprecher vieler Gleichgesinnter aufgetreten, die mit ihm die Unzufriedenheit über die miserablen religiösen und politischen Zustände in Europa teilten. Hatte Agrippa noch als junger Humanist, wie seine gelehrten Zeitgenossen auch, die Lernfähigkeit des menschlichen Wesens postuliert, so formulierte er als alter Skeptiker grundsätzliche Zweifel an der Besserungsfähigkeit des Menschen durch den Menschen. Man konnte glauben, daß Agrippa nur deswegen so viele Künste gemeistert hatte, um sie am Ende besser verwerfen zu können.

Das Echo bei den empörten Höflingen vieler Residenzen war aufgrund der harschen Kritik an dieser Kaste und wegen Agrippas rabiatem Antiklerikalismus verheerend: Der Kaiser sah sich gedrängt, von seinem Archivar wenigstens einen Widerruf der Kritik an der Kirche zu verlangen. Als Nettesheim dieses Ansinnen schroff zurückwies, strich man ihm ohne Zögern das Gehalt, was einer Entlassung gleichkam. Zum zweiten Mal sah sich der wider alle Bevormundung streitende Mann um seinen Lohn geprellt. Vom Wesen her nicht gerade ängstlich, trotzte er der kaiserlichen Order. Durch diesen Schritt sah er sich allerdings dem Teufelskreislauf neuer Verschuldung ausgesetzt. Ein Teil seiner kleineren Schriften und Traktate war mittlerweile ebenfalls erschienen, brachte aber außer Ruhm für den Verfasser wenig ein. *"De vanitate..."* wurde inzwischen gleich mehrfach nachgedruckt und erfreute sich großer Beliebtheit bei belesenem Publikum.

Im Jahre 1530 wurde Agrippa in Brüssel unter einem Vorwand inhaftiert und dann in den Schuldturm geworfen. Gleichzeitig ließen der Magistrat der Stadt und die offiziellen Religionsaufseher mehrere Exemplare von Nettesheims skeptischer und sarkastischer Schrift *"De vanitate..."* verbrennen. Dieses rabiate Vorgehen mehrte jedoch nur den Ruhm des in Beugehaft sitzenden Schriftstellers. Nach einiger Zeit setzte man Nettesheim unter der Auflage, Brüssel sofort zu verlassen, wieder auf freien Fuß.

Mit der Veröffentlichung seines paradoxen Bekenntnisbuches *"De vanitate..."* war Agrippas Name über Nacht in aller Munde. Vielen Zeitgenossen fielen die Ähnlichkeiten zwischen *"De vanitate..."* und dem satirischen *"Lob der Torheit"* (1511) des Erasmus auf. "Agrippa wird mit ebenso viel Vergnügen die Eitelkeit der Wissenschaft aufgezeigt haben, wie Erasmus die Torheit verteidigte. Nichts und niemand soll völlig den Sticheleien dieser lächelnden Spötter entgehen", meinte noch Sir Philip Sydney (1554-1586) in seiner 1579/80 geschriebenen und im Jahre 1595 posthum publizierten *"Apologia for Poetrie"*, einer Verteidigung der dichterischen Vorstellungskraft.

Agrippa konnte mächtige und einflußreiche Leute für sich interessieren, sogar den von ihm hochgeschätzten, reservierten Erasmus, der ihn jedoch in gewissen Angelegenheiten für voreilig und schlecht beraten hielt. An Georg Agricola schrieb der große Erasmus am 29. August 1531 über *"De vanitate..."*: "...über besagten Cornelius Agrippa schrieben mir einige gelehrte Freunde aus Brabant, und zwar in dem Sinne, daß sie die Heftigkeit dieses Menschen nicht zu billigen scheinen, auch ihm mehr Eifer im Sammeln als Urteil im Auswählen zusprechen. Einigen ist es schon recht, daß er den Theologen und Mönchen so glückliche Gefechte liefert - und das im Schatten des Kaisers und unter dem Schutz des Kardinals

Campeggio! Er betont ja, kaiserlicher Hofrat zu sein. Ich bin jedoch besorgt, daß die Tapferkeit dieses Mannes die edlen Wissenschaften mit einem Haß belastet, wenn auch nur die Hälfte von dem wahr ist, was die Briefe meiner Freunde berichten. Sein Buch habe ich noch nicht zu Gesicht bekommen können. An mich geschrieben hat er noch nie..."

Kurz darauf bekam Erasmus ein Freundschaftsexemplar von *"De vanitate..."* mitsamt Brief geschickt. Beim Essen ließ er sich daraus vorlesen und antwortete dann dem Nettesheimer auf die Frage, wie ihm dieses Buch gefallen hätte, mit einem Lob des Werkes. Erasmus ließ noch eine Mahnung zur Vorsicht folgen und bat Agrippa eindringlich darum, nicht selbst auch noch in Nettesheims viele Gefechte verwickelt zu werden, da ihm persönlich an Feinden kein Mangel herrsche.

Die beiden Humanisten, die viele gemeinsame Bekannte hatten, wechselten noch etliche Monate Briefe miteinander. Nettesheim unterrichtete Erasmus, der sich trotz seiner weit gespannten geistigen Vorlieben nach Maßgabe der Quellen nicht besonders für die hermetisch-gnostischen Aspekte der christlichen Philosophie interessierte, über den Stand seiner Streitigkeiten mit den Theologen der Universität von Löwen aufgrund diverser Publikationen. Studenten, die Erasmus nach Zusammenhängen innerhalb des hermetischen Teils der zeitgenössischen Philosophie fragten, schickte er mit den Anliegen zu Nettesheim.

Wie Erasmus hatte auch Agrippa das Aufkommen der lutherischen Reformationsbewegung zunächst begrüßt. Mit den Jahren wuchs aber bei beiden die Skepsis hinsichtlich der drohenden Kirchenspaltung. Als die Fehden zwischen Luther und Erasmus an Heftigkeit zunehmen, stellt sich Nettesheim, wie viele andere Gelehrte auch, auf Erasmus Seite. Nettesheim hat Luther in der eigenen *"Verteidigungsschrift"* doppelsinnig "einen unbesiegten Häretiker" genannt.

Zudem wollte es Agrippa nicht gefallen, daß auch die auf ihre Etablierung und massenhafte Akzeptanz bedachten Protestanten kräftig ins Horn stießen, um wie die Katholiken zur

Hexenjagd zu blasen. Den Katholiken warf er in seiner "*Verteidigungsschrift*" vor, Luther durch repressive Maßnahmen, wie Bücherverbrennung, und die Verweigerung der Dialogbereitschaft am Ende mehr genutzt als geschadet zu haben. Man kann es nur als Torheit bezeichnen, Feuer mit Feuer löschen zu wollen, urteilt er ohne Beschönigung.

Am zweiten März 1531 verdammte die Sorbonne-Universität die Pariser Edition von "*De vanitate...*" als Werk eines Ketzers. Die Schrift sei der lutherischen Häresie zugeneigt, kritisiere alle Einrichtungen der Kirche und müsse deshalb verbrannt werden. Vermittels einer anonymen Warnung erfuhr Agrippa, daß auch die Theologen der Universität von Löwen gleich eine ganze Reihe von Artikeln vorbereiteten, die das Bekenntnisbuch als skandalöses, unfrommes Machwerk denunzieren sollten. Der Chor der Gegenstimmen wurde immer lauter und größer. Selbst wohlwollende Bekannte meinten, daß Nettesheims ungezügelte zynische Zunge die wahre Ursache aller Verstimmungen sei.

Da Margarete von Österreich mittlerweile gestorben war und keine Aussicht mehr auf Entlohnung bestand, verließ Agrippa die Stadt Mechelen wieder. Die Suche nach einem neuen Protektor dauerte diesmal nicht lange, zumal sich der Erzbischof von Köln Agrippa sehr geneigt zeigte. Der rastlose Nettesheimer verbrachte erst einmal im März 1532 eine kleine Ruhepause auf dessen Landsitz Schloß Poppelsdorf. Der Kirchenfürst vergütete Nettesheim die Reisekosten und öffnete seine private Schatulle auch sonst ohne Umschweife.

Selbst der päpstliche Legat, Kardinal Lorenzo Campeggio (1464-1539) nahm als hoher Kirchendiplomat für Nettesheim Stellung. Dies geschah nicht ganz uneigennützig, denn Kardinal Campeggio versuchte Agrippa für sich und publizistisch gegen den Kirchenspalter Henry VIII. zu gewinnen. Agrippa lehnte die Abfassung einer Schrift gegen die Scheidungsangelegenheit des englischen Königs ab, da er sich gerade hatte scheiden lassen. Mit Kardinal Eberhard la Mark stellte sich ein weiterer Befürworter von Veränderungen hinter Nettesheim.

Vielleicht war Agrippa nach dem Skandal um die Publikation von *"De vanitate..."* besorgt, daß man das Privileg zur Drucklegung seiner Werke vorsichtshalber wieder zurückziehen könnte. Deswegen tat er alles nur Erdenkliche, um schnell noch das Buch über die Magie in Druck zu geben, was die Auseinandersetzung um seine Person weiter anheizte.

Der Inquisitor Conrad Colyn von Ulm versuchte noch, die Drucklegung von *"De occulta philosophia"* zu verhindern, doch sein Vorstoß beim Kölner Senat blieb vergeblich, da Agrippa der Freundschaft des Kölner Erzbischofs sicher sein konnte. Es gelang dem Dominikaner jedoch, die Bücher als unwürdig und infam zu verleumden, sowie die Drucklegung des in drei einzelnen Bänden zwischen 1531 bis 1533 publizierten Werkes hinauszuzögern. Es folgten scharfe Querelen zwischen Agrippa auf der einen und dem Rat und der Universität von Köln auf der anderen Seite. Erst 1533 erschien das Aufsehen erregende Werk über die Gelehrtenmagie in einer alle drei Bücher umfassenden Ausgabe. Der weiter auf Schutz bedachte Agrippa widmete sie dem Kölner Erzbischof Hermann von Wied: "Ich fürchte jedoch, es werden viele vorwitzige Sophisten gegen mich auftreten, Leute, die sich für Eiferer im Dienste Gottes ausgeben und sich ein Urteil über die Blätter der Sybille anmaßen; diese werden, sowohl weil ein solches Gericht ihrem Gaumen nicht behagt und der Majoran ihrer Nase ungewohnt ist, als auch aus altem, unter der Asche fortglimmendem Hasse gegen mich den Versuch machen, auch diese Arbeit zum Feuer zu verurteilen, selbst ehe sie etwas davon gelesen oder überhaupt recht verstanden haben. Ich unterwerfe daher, durchlauchtigster Fürst und weisester Kirchenhirte, dieses Euren hohen Verdiensten gewidmete und schon Euer Eigentum gewordene Werk insbesondere Eurer Zensur und empfehle es Eurer Obhut, damit, wenn die boshaften und treulosen Sophisten aus unverständigem Neid und Verleumdungssucht daran mäkeln wollen, Ihr es mit Eurem scharfen Verstande und Eurem freimütigen Urteile beschützen und verteidigen möget...?" (*"De occulta philosophia"*, I, 350).

Zeitgenössisches Portrait des Agrippa von 1533

Wie die meisten Kirchenoberen war der deutsche Kurfürst Hermann von Wied (1477-1552) zunächst ein Gegner der Reformation, als er 1515 Erzbischof der reichen Diozöse Köln wurde. Mit den Jahren neigte er jedoch immer mehr zum Protestantismus, bevor er sich 1543 als alter Mann gänzlich zu Luthers Lehre bekannte. 1546 wurde von Wied zunächst aus dem Amt gejagt und dann von Papst Paul III. exkommuniziert.

In einem anderen Widmungsschreiben an seinen kurfürstlichen Gönner in Köln machte Agrippa noch einmal eigene Bedenken gegen die Veröffentlichung von *"De occulta philosophia"* nach dem vorangegangenen Druck von *"De vanitate..."* geltend. Der zwischen Mystizismus und Skeptizismus schwankende Mann versäumte es nicht, diese mehr oder minder rhetorischen Bedenken mit Angriffen gegen seine Feinde zu verbinden: "Dazu kam als weiteres Hindernis das Geschrei, welches einige Sykophanten und schulfüchsische Sophisten über die Herausgabe meiner Schrift von der Eitelkeit der Wissenschaften und der Vortrefflichkeit des Wortes Gottes erhoben, indem sie ohne Unterlaß gegen mich wüteten und mich mit ihrem Haß und Neid und ihren Verleumdungen verfolgten. Einige derselben deklamierten mit stolzer Miene und aufgeblasenen Backen in den Kirchen gegen mich und klagten mich vor allem Volk der Gottlosigkeit an; andere trugen ihre Schmähungen über mich in den Häusern herum, um die Ohren der Unerfahrenen damit vollzustopfen; noch andere endlich reizten bei öffentlichen und Privatzusammenkünften die Bischöfe und Fürsten und selbst den Kaiser gegen mich auf. Dies machte mich wirklich unschlüssig, ob ich die übrigen Bücher meiner Philosophie herausgeben sollte, da die Vermutung sich mir aufdrang, ich würde dadurch die Zielscheibe noch größerer Verleumdung werden und auch sozusagen vom Regen in die Traufe kommen. Auch beschlich mich eine gewisse törichte Furcht, daß ich vielleicht durch die Herausgabe dieser Bücher Euer Durchlaucht mehr beschwerlich als dienstfertig erscheinen und auch Euch den Haß jener Lästerzungen zuziehen könnte. Aber trotzdem, daß dies mir mannigfachen Kummer verursachte, überwand ich doch zuletzt mein Zaudern..." (*"De occulta philosophia"* , I, 176).

Der Erzbischof freute sich sehr über die Widmung, da die Veröffentlichung von *"De occulta philosophia"* in ganz Europa für großes Aufsehen sorgte. Agrippas Feinde waren besonders irritiert darüber, daß dieses Buch kurz nach dem vermeintlichen Widerruf der Magie in *"De vanitate..."* erscheinen konnte. Sie führten sich wieder einmal von Agrippa an der Nase herumgeführt. "Das Buch wird deinen Namen durch die Jahrhunderte tragen" (*"Epistulae"*, VI, 37), schrieb kurz vor Weihnachten 1531 ein begeisterter Freund an Nettesheim. Enthusiasmus für und Anfeindungen gegen den Philosophen, der immer wieder für eine Überraschung gut war, kannten keine Grenzen. Die rufmörderischen Gegner taten alles, um Nettesheim endlich mundtot zu machen. Ihre Verleumdungsstrategien waren jedoch erst nach Agrippas Tod durchschlagend erfolgreich.

An dieser Stelle muß der irrigen Hypothese widersprochen werden, wonach Agrippa nur ein Scharlatan und aufschneiderischer Blendwerker gewesen sein soll. Sicher waren zwiespältige, abenteuerliche Charakterzüge neben faustischen Tiefen in Nettesheims Wesen vorhanden, doch mit einem dubiosen Scharlatan hätten sich honorige Gelehrte mit Scharfblick wie Colet, Erasmus, Faber Stapulensis u.a. oder einflußreiche Herrscher wie Franz I., Maximilian I., Margarete von Österreich, Erzbischof Hermann von Wied oder Kardinal Campeggio und viele andere mehr sicher nicht lange abgegeben. Seine zahlreichen Feinde, allen voran die Dominikanermönche und Inquisitoren, ließen allerdings nichts unversucht, Nettesheims Ruf mittels aller Strategien der Verleumdung gezielt herabzusetzen, um den angriffslustigen Kölner zu isolieren und in der Öffentlichkeit unmöglich zu machen. Agrippa seinerseits haßte die verleumdungswütigen Mönche und gelehrten Agelasten ("Nicht-Lacher"), die er mit seinem ätzenden Spott in Rede und Schrift aufs Korn nahm. Autoritätshörige Opportunisten und sture Dogmengläubigkeit waren ihm zuwider. Mit dem Blick aus der Ferne mag es heute verwundern, daß der streitbare Mann sein Leben nicht auf dem Scheiterhaufen beschließen mußte, wie so viele andere kritische Zeitgenossen.

Im Jahr 1529 gab es durch den Abschluß des "Damenfriedens von Cambrai" eine Phase von sieben Jahren relativer Ruhe im krisengeschüttelten Europa. Margarete von Österreich hatte als Tante Kaiser Karl V. mit der von Agrippa so gehaßten Louise von Savoyen die Bedingungen für einen Verzicht Frankreichs auf alle Ansprüche in Norditalien ausgehandelt. Im gleichen Jahr erregte eine spektakuläre Ketzerverfolgung großes Aufsehen, hatte doch die Pariser Sorbonne-Universität den erasmischen Humanisten Louis de Berquin (1490-1529), der unter dem persönlichen Schutz des Königs Franz stand, in Abwesenheit des Monarchen rasch anklagen und unverzüglich hinrichten lassen. Zur Empörung der Humanisten wurde das Urteil gleich vollstreckt, noch ehe der königliche "Schutzherr" eingreifen konnte. Dem unbequemen Agrippa war dieser skandalöse Vorfall eine Warnung zu mehr vorausschauender Umsicht, obwohl er sich in seiner wie üblich ätzenden Kritik an politischen und allgemeinen Mißständen keineswegs zurückhielt.

Ende 1531 brachte Agrippa Einzelheiten der von der Universität Löwen gegen ihn erhobenen Anschuldigungen, bestehend aus 34 Artikeln, in Erfahrung. Mit dieser Universität hatte bereits Erasmus einige Kämpfe ausfechten müssen. Der Erzbischof von Palermo ließ Nettesheim eine Abschrift der wichtigsten Punkte zukommen. Statt eines Widerrufs warf Nettesheim jedoch eine Verteidigungsschrift unter dem Titel

"*Apologia*" aufs Papier, die die Behauptungen seiner als "Theosophisten" attackierten Gegner im einzelnen widerlegen sollte. Die Empfehlung "Angriff ist die beste Verteidigung" galt Nettesheim schon immer in verschiedenen Lebenslagen als Maxime seines Handelns. Der "*Apologia*" als publizistischer Gegenmaßnahme war bereits ein erster Gegenangriff vermittels eines "*Querela*" genannten Traktates vorausgegangen. Diese "leidenschaftliche Beschwerde" war gegen "Verräter und Verleumder" gerichtet. Ergrimmt griff Agrippa den Typus Hofmann an, der ihn am kaiserlichen Hof Karls V. angeschwärzt und unmöglich gemacht hatte: "In früheren Zeiten hatten gelehrte und gebildete Männer an den Höfen der Kaiser und Könige die ersten Stellen inne. Ihre Nachfolger von heute sind gewisse gichtische, dickbäuchige Zöllner und Geldsäcke (Finanzleute nennt man sie), denen jeglicher Sinn für Wahrheit und Tugend abgeht. Und wie es im Sprichwort heißt: die Nichtsnutze sind den Nichtsnutzen recht. Überall finden wir an den Königshöfen einen Haufen hungriger Trabanten, zerlumpter Pfründner, gefräßiger Schmarotzer, schillernder Komödianten, nachtschwärmerischer Schürzenjäger, geiler epikuräischer Schweine, unechter Adeliger, moschusduftender Großer, prahlerischer Eisenfresser, kreuzgeschmückter Ritter, grimmiger Kentauren, hochmütiger Satrapen, maskierter Fledermäuse, purpurgeschmückter Glücksjäger, am Marke des Staates und Volkes zehrender Wucherer und Schreiber, unverschämter Fälscher, behaglicher Pfäfflein, schleppentragender Almoseniere, sechzigjähriger Knaben, aber weise und ernste Männer gewahren wir nur sehr wenige. Wenn etwa zufällig am Hofe begabte Männer auftauchen, die mit ihrer Klugheit und Erfahrung den Staat gedeihlich zu leiten wüßten oder ihm mit ihrer militärischen Tüchtigkeit von großem Nutzen sein könnten, die schicken sie dann, damit sie nur ja nicht aufkommen und zu Einfluß gelangen, scheinbar aus reinem Wohlwollen in ferne Länder, oder setzen sie zum Lohn ihrer Tapferkeit noch schwereren Gefahren aus, damit der Hof von der lästigen Gegenwart dieser Leute befreit werde und sie selbst für die Klügsten gelten, weil sie eben niemand unter sich dulden, der klüger ist als sie. Denen ist es zu danken, daß die Wissenschaften an den Fürstenhöfen weder durch Belohnungen gefördert noch mit Lob ermutigt werden, sondern gleichsam geächtet und an den Pranger gestellt erscheinen. Daher kommt das dunkle Los der Schriftsteller, die elende Lage der Gelehrten, und niemand kanns bei Hofe zu etwas bringen, als wer der Tugend und Wahrheit den Abschied gegeben hat... Die Wissenschaften stehen so nieder im Kurs, daß sie nicht nur keine Förderung, sondern geradezu Verhöhnung erfahren. Auch ist es an den Königshöfen weit vorteilhafter, das Handwerk eines Kochs oder Jägers oder Flötenspielers oder Kneipwirts oder Schmarotzers oder Schauspielers zu betreiben als das eines Gelehrten und Schriftstellers, so sehr macht die Bildung verhaßt, während die Unwissenheit empfiehlt. Denn diese ist ja den Königen verwandt, den Großen vertraut, einheimisch an den Höfen und läuft jeglicher Art von Bildung bei weitem den Rang ab. Sie strotzt von Reichtümern, wird mit Ehren überhäuft, zu den höchsten Ämtern erhoben und schwelgt in allen möglichen Genüssen" ("*Verteidigungsschrift*", 198f).

Agrippa verstand es, sich als Opfer von Willkür und Ignoranz gut in Szene zu setzen. Mit Wortgewalt allein war die Ungnade jedoch nicht aufzuheben. Trotzdem gab es aufmunternden Zuspruch von anderen Seiten.

Die "*Apologia*" widmete Nettesheim dem Kardinal Campeggio, der ihn so früh seines Beistandes versichert hatte, und in dessen Gefolge Agrippa vorübergehend weilte. Er schickte die Schrift an den Drucker Cratander in Basel, doch dem war dieses Eisen aus Agrippas Schmiede einfach zu heiß, obwohl dessen Bücher auf der Buchmesse zu Frankfurt im Jahr 1532 ein großer Erfolg gewesen waren. So blieb die "*Verteidigungsschrift*" bis ins Jahr 1533 hinein ungedruckt. Ihre Publikation führte zu einer weiteren Kontroverse, hatte der Verfasser seinen Ton doch kaum gemildert. Unverdrossen drosch er auf den Schreiber der aus Löwen stammenden gegen ihn gerichteten Artikel ein. Unter Einsatz einer gewissen Bauernschläue hegte Nettesheim "den Verdacht, sie seien ohne Wissen der Theologen von einem gewissen Dichterling Busconius, der sich ein Handwerk aus dem Schwindeln und Lügen macht, oder von irgendeinem andern scholastischen Tellerlecker zusammengepfuscht, der sich auf diesem Felde, gedeckt durch den Namen der Löwener Theologen, hatte tummeln wollen. Denn ich denke doch, jene Theologen hatten schwerlich Zeit, mein Geschreibsel zu lesen. Und auch das Durcheinander, die Verstümmelung und falsche Anwendung der Sätze, ihre Entstellung, ja schon der Umstand, daß jener Artikelschreiber seinen Namen verheimlicht und die Unterschrift wegläßt, das alles zeigt zur Genüge, daß diese Artikel nicht von ehrenhaften Theologen herstammen" könnten (*"Verteidigungsschrift"*, 201f).

Mit dieser Argumentation tat Nettesheim so, als sähe er sich bewußt falsch wiedergegeben, um sich hier besser als durchaus rechtgläubig vorstellen zu können. Den Theologen hielt er entgegen, ihn in seiner "declamatio invectiva" nicht verstanden zu haben oder nicht verstehen zu wollen. Schlampig oder schlecht präpariert dürfe man sich nicht der Wahrheitserforschung stellen, sonst bestände die Gefahr, scheinplausiblen oder leichtfertigen Trugschlüssen aufzusitzen. Da Nettesheim schon immer viel Spaß an der Nasführung seiner Gegner empfunden hatte, sparte er auch in seinem satyrischen Denkspiel *"De vanitate..."* nicht mit dem Einsatz von Falltüren und doppelten Böden im Rahmen rhetorischer Paradoxien. Beliebt war der humanistische Typus der "declamatio invectiva" bei versierten Rhetorikern schon deshalb, weil er das "Nicht-ganz-Ernst-Nehmen" des Vortragstextes ermöglichte und dem Sprecher oder Verfasser trotzdem eine Überlegenheitsposition des "Stehens-über-den-Dingen" bescherte. Davon machte auch Agrippa in der *"Apologia"* Gebrauch: "Eine declamatio urteilt nicht, dogmatisiert nicht, sondern wie das so in der Art einer declamatio liegt, sagt sie manches im Scherz, manches im Ernst, manches drückt sie nicht ganz richtig aus, manches zu streng. Bald spricht sie in meinem Sinne, bald im Sinne eines andern, manches stellt sie als wahr, manches als falsch, manches als zweifelhaft hin; da disputiert sie, dort mahnt sie, nicht überall mißbilligt oder lehrt oder behauptet sie und verrät auch nicht überall meine innerste Herzensüberzeugung, bringt viele hinfällige Beweisgründe bei, damit auch etwas da ist, was der Gegner widerlegen oder richtigstellen kann. Und weil der Artikler das nicht zu unterscheiden weiß, wird er darüber nur Dummheiten vorbringen können" ("*Verteidigungsschrift*", 283).

Hier nimmt sich Agrippa wie Erasmus im "*Lob der Torheit*" ein gehöriges Maß Narrenfreiheit heraus, um mögliche Kritiker irrezuführen. Der Narr hatte im 15. und 16. Jahrhundert als Grenzgänger und Demonstrationsfigur öffentlicher Belehrung Hochkonjunktur. Aufgrund seiner marginalen Seinsweise und seiner Instrumentalisierbarkeit als Symbolfigur der verkehrten Welt konnte der Narr tadeln und loben, wie es ihm gefiel. Er jonglierte mit den Werten der alltäglichen Ordnungswelt, um sie besser auf den Kopf stellen zu können. Humanisten wie Brant, Erasmus, Agrippa, Rabelais und andere mehr schlüpfen gern in die Rolle des Morosophen, des närrisch weisen Zeit- und Gesellschaftskritikers, um ihre scharfe Kritik an den herrschenden Zuständen unter der doppelgesichtigen Maske des Narren ein Stück Unangreifbarkeit zu verleihen. Überdies erfreuten sich alle paradoxen Spielarten von Rede und Schrift großer Beliebtheit als humanistische "Stilübungen".

Erst mit den dialektischen Haarspaltereien gewisser geschwätziger Theologen hat sich der Irrtum in die christliche Lehre eingeschlichen. Eine allein rationalistisch ausgerichtete Theologie führt zu den Verstiegenheiten eines Gottesgelehrtentums, das sich weit von den einfachen Quellen der Bibel entfernt hat. "Wenn ich aber sage, nicht einmal Erklärungen von Engeln dulde die heilige Schrift, so habe ich das von Paulus gelernt. Denn so hoch über alles erhaben ist die heilige Schrift, daß sie von keinem geschöpflichen Bemühen, von der Hilfe keines geschaffenen Geistes abhängt, sondern sich selbst genügt und sich selbst erklärt, wenn da und dort eine Stelle dunkel ist. Die wahren Theologen lassen deshalb keine Erörterungen über göttliche Dinge zu, die sich auf menschliche Einfälle stützt, sondern nur eine solche, die den göttlichen Schriften entnommen ist und die heiligen Väter und die Erklärer wollen, daß man ihnen nur insoweit glaube, als sie ihre Behauptungen durch Zeugnisse der Schrift bekräftigen, in der allein die Wissenschaft des Geistes Gottes wohnt. Und diese Erklärung heißt die buchstäbliche und ist von allen die sicherste und stärkste, wenn nämlich die Schrift durch die Schrift erklärt und ihr Sinn nur insoweit ermittelt wird, als es zum ewigen Heile notwendig ist" (*"Verteidigungsschrift"*, 267).

Hinsichtlich der paradoxen Wissenschaft des Nicht-Wissens bezieht sich Nettesheim in der "Apologia" auf die Schrift *"Docta ignorantia"* (Gelehrte Unwissenheit) aus der Feder des Kardinals Nicolaus Cusanus, eines großen spätmittelalterlichen Mystikers. "Im Kapitel über das Wort Gottes habe ich folgendes gesagt: Die Wissenschaft von diesem Worte aber haben keine Philosophenschule, keine Sorbonne, keine Tummelplätze scholastischer Weisheit uns überliefert, sondern Gott allein und Jesus Christus durch den Heiligen Geist in jenen Schriften, die die canonischen heißen, in denen man nach göttlicher Vorschrift nichts hinzufügen und nichts weglassen darf" (*"Verteidigungsschrift"*, 270).

Da man nicht nach dem Schein urteilen soll, gibt Agrippa vor, die guten immer von den verderbten Vertretern des Mönchtums ausgenommen zu haben. "Aber ich will hier nicht im Ernst vertreten, was ich in der declamatio nicht im Ernst gesagt habe, und für ein lächerliches Histörchen nicht eine ernsthafte Deutung fabrizieren, sondern ich wollte jenen unsern Meistern, die so fromme Artikel machen, nur zeigen, daß der Spaß, wenn er auch ein Spaß ist, nicht unbedingt falsch zu sein braucht, und daß er, wenn auch nicht notwendig wahr, doch vielleicht wahrscheinlich ist, so daß man ohne

Gefahr der Gottlosigkeit darüber verhandeln und ihn in irgendwelcher Weise verteidigen kann" (*"Verteidigungsschrift"*, 260).

In Anspielung auf einige von seinen Feinden ausgestreute Gerüchte darüber, daß die Hunde "Tarot" und "Monsieur" des Tiernarren Nettesheim in Wirklichkeit als Vierbeiner verkappte Dämonen seien, fletscht der Schriftsteller sein satirisches Raubtiergebiß wider den Kritiker aus Löwen: "Endlich, um einen vollendeten Kreis zu beschreiben, kehrt er zum Anfang meines Buches zurück und verleumdet mit zäher Schmähsucht die Eingangsepistel, in der ich mit einem Freunde gescherzt und gesagt habe, ich sei in einen Hund verwandelt. Dieser Artikler selbst ist schlimmer als ein Hund, aller Menschlichkeit bar und des Lebens unkundig, ein Kerl, der sich nicht schämt, einen freundschaftlichen Brief mit zynischer Unverschämtheit anzugreifen. Wie so ein ungezogener Bauernköter alle, die er nicht kennt, anbellt, so bekrittelt, verleumdet und verurteilt er, was er versteht. *Mein* Hund hingegen bellt nur die Bösen an, beißt nur die Schuldigen, indem er schlimme Taten mit seinem Hasse verfolgt" (*"Verteidigungsschrift"*, 284).

Wie Nettesheim in persona bereits zu Lebzeiten eine Legende sein zu müssen, ist nicht unbedingt so erfreulich, wie manch einer das heute in Zeiten des Starkultes wohl annehmen möchte. Nach der sehr erfolgreichen Veröffentlichung von *"De occulta philosophia"* kursierten eine Menge Gerüchte über den vermeintlichen Magier Agrippa, der die Geheimwissenschaft als hohe Kunst gelobt hatte, die rein gehalten werden müsse. Betrieb der Mann, der doch schon eine der Hexerei angeklagte Frau verteidigt hatte, nicht gar selbst die schwarze Kunst? Standen die Schriften dieses Ketzers wider Kirche und Staat nicht kurz vor der Indizierung durch die Inquisition?

Andere Skeptiker unter den Gelehrten behaupteten, daß es eigentlich keinen wesentlichen Unterschied zwischen der weißen und der schwarzen Magie geben könne, da beide mehr oder weniger offensichtlich dem menschlichen Machtstreben dienlich seien. Theoretische Verteidiger der weißen Magie gaben zu bedenken, daß diese Kunst im Gegensatz zur antisozialen, böswilligen Schwarzmagie hilfreich oder nützlich sei und sich nur freundlicher Geister bedienen würde. Die Zweifler wollten dieses Argument nicht recht gelten lassen, meinten sie doch, daß es auf der ganzen Welt wohl keinen Magier gäbe, der sich selbst als Anhänger der schwarzen Kunst präsentieren würde. Mißtrauen und Argwohn bestimmten den Diskurs über die Magie und ihre ambivalenten Einsatzmöglichkeiten. Nur die Verleumder der Renaissancemagier, die schon immer alles gern in einen Topf warfen, hatten keine Schwierigkeiten, zu bestimmen, was noch "magia naturalis" und was schon "Schwarze Kunst" war. Der Streit um die Magie war auch Teil der großen Religionskämpfe im 16. Jahrhundert.

Trotz des umstrittenen Erfolges seiner Werke war die Zeit der persönlichen Höhenflüge unwiederbringlich vorbei. Mit den Jahren wurde Agrippa nach außen hin schroff und mißtrauisch. Überall witterte er Gefahren, reale oder nur vorgestellte, Spione und Handlanger der Inquisition. Rasche Ortswechsel der freiwilligen oder gezwungenen Art galten Nettesheim als einzig vernünftiges Mittel gegen unliebsame Nachstellungen. Alte Rivalen und Neider schienen nur auf einen Fehltritt oder eine Unachtsamkeit zu warten, um ihre längst ausgelegten Fallen zuschnappen zu lassen. Gemeinhin haben Füchse mehr Feinde als Freunde. Wie die Rohrspatzen schimpfte die Menge der düpierten Gelehrten über den berühmt-berüchtigten Mann, der ihnen irgendwann und irgendwo eine Disputation versprochen hatte, und es dann einfach am Erscheinen fehlen ließ. Der Chor der Gegner wurde beständig größer, und im vielstimmigen Gemurmel überwogen die schrillen Töne. Gelehrte Pedanten aus Krähwinkel und von der Sorbonne heizten der Gerüchteküche mächtig ein. Der aus Legenden, Unterstellungen und Halbwahrheiten schlecht angerührte Brei der Verleumdungen war zwar schwer verdaulich, eignete sich aber hervorragend als Wurfgeschoß in den noch folgenden Scharmützeln der Ehrabschneidung. Haarsträubendes wurde gerne mit Phantastischem vermischt, kolportiert und noch lieber geglaubt. Gerüchte behaupteten, daß Agrippa in der Vergangenheit lesen könne wie in einem gedruckten Buch. Was für ein seltsames Echo auf außergewöhnliche Gelehrsamkeit. Vielleicht war der Erzzauberer aber doch wirklich des Fliegens mächtig, oder warum konnte man ihn vorgestern um die Mittagsstunde gleichzeitig auf den Marktplätzen von Colmar und Magdeburg sehen?

Hartnäckig hielt sich auch ein Gerücht, wonach ein Schüler eines von Nettesheims Zauberbüchern gestohlen und leichtsinnigerweise einen Dämon herbeizitiert haben sollte, den er nicht wieder loswerden konnte und der sich auch nicht bannen ließ. Der in seiner Ruhe gestörte Geist verstand keinen Spaß, deshalb drehte er dem vorwitzigen Studenten der Beschwörungsmagie kurzerhand gerade in dem Moment den Hals um, als Agrippa nach Hause kam. Der Meister hatte mit dem Quälgeist zwar leichtes Spiel, doch ängstigten ihn nicht zuletzt wegen seines schlechten Rufes die möglichen Folgen des zauberischen Mißgeschicks in seinem Haus. Deshalb soll er den Dämon dazu gezwungen haben, in den Körper des unglücklichen Adepten zu fahren und einen stark bevölkerten Marktplatz aufzusuchen. Dort verließ der Dämon den kurzfristig wiederbelebten Leichnam plötzlich, so daß Zeugen annehmen mußten, ein rascher und natürlicher Tod hätte den jungen Mann gerade erst ereilt. Doch dann entdeckte man die Würgemale am Hals des Opfers. Noch ehe man Agrippas habhaft werden konnte, hatte dieser sich wieder einmal angeblich über alle Berge getrollt.

Eine ganze Riege von Feinden und Roßtäuschern rollte Nettesheim Steine in den Weg, wo es nur ging, um dann zu behaupten, er selbst hätte sie durch die schwarze Kunst vom Himmel fallen lassen oder aus der Hölle hervorgezaubert. Die Tatsache, daß Agrippa sein Studier- und Schreibzimmer manchmal tage- oder wochenlang nicht verließ und trotzdem immer gut über die wichtigsten Ereignisse im politischen Leben Europas informiert war, führten leichtfertige Legendenstricker auf das Wirken von Dämonen und Nachrichten überbringenden Hilfsgeistern zurück. Umgab er sich nicht auch immer mit einem schwarzen Hund namens "Monsieur", hinter dem sich vielleicht der Teufel selbst verbarg? Mit "Mein Herr" ließ sich schließlich auch der Teufel auf dem Hexensabbat oder sonstigen Konventen der Unholden anreden. Agrippas Famulus Weyer versuchte seinen Meister später gegen solche verleumderischen Zaubersagen in Schutz zu nehmen. Rational argumentierte er beispielsweise gegen die krausen Unterstellungen durch die Hundemär, daß Nettesheims Wissensstand auf dessen hoher Gelehrsamkeit und einer Unzahl von Briefen beruhte, die der Mann täglich aus allen Teilen der Welt erhielt.

Der dünnhäutige Nettesheim selbst hatte freilich andere Sorgen und war mit der Bannung ganz realer Plagegeister wie drückender Schulden und übereifriger Zensoren beschäftigt. Auch wenn ihm der Kölner Erzbischof großzügig Zuflucht vor Verfolgung geboten hatte, so lastete gerade die Ungnade des Kaisers Karl V. schwer auf ihm und ließ es auf die Dauer nicht ratsam erscheinen, in dessen deutschem Einflußbereich zu bleiben. Agrippas Haltung zum Leben pendelte beständig zwischen hohen Erwartungshaltungen und bitteren Enttäuschungen. Mit Agrippas Ruhm durch den Druck seiner Bücher war auch die Zahl der Feinde gewachsen, die ihn für mehr berüchtigt als berühmt halten wollten. Den stereotypen Verleumdungen, lediglich ein Lügenmagier und Schwindler zu sein, war nur schwer entgegenzutreten. Als Einzelkämpfer lebte Nettesheim stets auf unsicherem Terrain.

"*Adversus Lamiarum Inquisitiones*" nannte Agrippa eine nachgelassene, Fragment gebliebene Schrift. Er hatte dieses flammende Plädoyer gegen die Allmacht und politische Anmaßung der Inquisition 1533/34 in Etappen aufs Papier geworfen. Wieder diskutierte Nettesheim hier die absurden Elemente des üppig wuchernden Hexenglaubens. Mit höhnendem Spott bedachte er den gelehrten Aberglauben, wonach es sexuelle Beziehungen zwischen Hexen und Dämonen gäbe. Die Hexenflüge nannte er reine Phantasieflüge überspannter Geister. Solche Vorstellungen seien doch nichts weiter als geträumte oder quasi hysterische Illusionen. Er soll auch an einem unvollendeten Werk gearbeitet haben, das sich mit den "ungeheuren Verbrechen der Dominikaner" als "den Wachhunden des Herrn" auseinanderzusetzen vorgab. Es ist anzunehmen, daß sich die Dominikaner in Grenoble zumindest eines Teils von Nettesheims Nachlaß bemächtigten. Und so wundert es nicht, daß sich der Dominikanerinquisitor Sisto von Siena noch im Jahre 1566 auf diese Schrift bezog und Agrippa der Ketzerei bezichtigte.

Das Jahr 1534 verbrachte Nettesheim als Günstling des Kölner Bischofs in Bonn. Der mehrfache Vater war noch einmal eine unglücklich verlaufende Ehe eingegangen und ließ sich rasch wieder scheiden. Nur mit Mißmut dachte er an diese wenig erfreuliche Episode seines Lebens zurück. In Bonn unterrichtete Agrippa auch mehrere Privatschüler. Unter ihnen war der später sehr berühmte Arzt Johann Weyer (1515-1588). Dieser eingeschworene Feind des Hexenwahns nahm seinen Meister gegen Verleumdungen und Rufmord in Schutz.

Lange hielt sich Agrippa jedoch nicht mehr in Bonn auf. Die Beweggründe für seine unvorsichtige Rückkehr nach Frankreich sind nicht ganz klar. Mit List und Spürsinn war er zuvor den vielen Fallen der Inquisition und seiner weltlichen Gegner entgangen. Vielleicht fiel der Entschluß, wieder nach Frankreich zu gehen, in notgedrungener Eile, vielleicht lockte auch ein lukratives Angebot den Philosophen aus seiner bis dahin sicheren Deckung im Rheinland hervor. Möglicherweise wollte er die Herausgabe einer Werkedition vorantreiben, die kurz nach seinem Tod tatsächlich erschien. Seine Schritte in Frankreich, wo er auch immer noch Freunde hatte, wurden aufmerksam von Agenten des Königs Franz verfolgt. Der Affront, den die Publikation seiner Bücher ausgelöst hatte, war noch nicht vergessen. Die königliche Familie

Johannes Wierus
im Alter von 60 Jahren
mit dem Wahlspruch: "Besiege dich selbst!"
1576

sah sich noch immer geschmäht und gedachte ihren Groll an dem Urheber der Beleidigungen auszulassen. Gründe für eine Handhabe gegen den unsteten Nettesheim gab es mehr als genug. Auf königlichen Befehl hin wurde Agrippa bald nach dem Grenzübertritt verhaftet, noch bevor er Lyon, ein Zentrum der humanistischen Druckkultur, erreichen konnte. Als offizieller Grund wurde angegeben, Nettesheim hätte die Königin-Mutter wiederholt in seinen Briefen und Streitschriften verunglimpft. Man hatte also einen Teil seiner privaten Post abgefangen und scheute sich nicht, sie als Belastungsmaterial gegen den Absender zu verwenden.

Nach einiger Zeit erwirkten Freunde die Freilassung Agrippas aus dem Gefängnis. Die entbehrungsreiche Haft hatte dem erschöpften und mittlerweile sozial vereinsamten Mann schwer zugesetzt. Nach einem bewegten Leben voll Strapazen und Kampf befand sich Nettesheim am Ende seiner Kräfte. Ein freundlicher Gönner gewährte dem kranken Philosophen noch einmal Unterkunft. Gehetzt, glück- und geldlos starb Agrippa von Nettesheim im Alter von 49 Jahren am 18. Februar 1535 zu Grenoble.

Drei von seinen Kindern überlebten den Vater und wurden Bürger von Saint-Antoine in Viennois. Vielleicht war es Angst vor Repressalien oder unangenehmen Nachfragen, die Agrippas Söhne dazu bewog, den Nachnamen "von Nettesheim" abzulegen und sich nur schlicht "Cornelis", "Corneille" oder "Cornelius" zu nennen. Diese Strategie der Spurenverwischung war so erfolgreich, daß man heute bis auf ein paar Eintragungen in die Register von Grenoble und Lyon wenig über die Lebensumstände von Agrippas nächsten Angehörigen oder möglichen Nachfahren weiß. Ähnliches gilt für den Verbleib einiger Schriften aus dem Nachlaß.

Überraschenderweise fand die Beisetzung auf dem Konvent der Dominikaner statt. Agrippa hätte es sicher als eine besondere Ironie des Schicksals verstanden, daß ausgerechnet seine ärgsten Feinde, die ihn zu Lebzeiten nicht hatten festnageln können, seiner nun als Leiche endlich habhaft wurden und sich um seine letzte Ruhe zu kümmern hatten. Der Leichnam wurde in der Kirche der Dominikaner beigesetzt, die 1562 von Protestanten zerstört wurde. Bis dahin war dort auch der über den Tod hinaus verleumderische Grabstein zu sehen, den die Dominikaner in Anspielung auf die Legende vom schwarzen Hund des Magiers hatten errichten lassen. Der große Stein wurde später an der linken Seite hinter der Pforte im Hof zum Kloster der Predigerbrüder aufgestellt und während der Zeit der Gegenreformation staunenden Besuchern gezeigt. Dann ließ man ihn noch durch mehrere Klosterzellen wandern, ehe sich seine Spur endgültig verlor. Der Text auf dem Stein soll wie folgt gelautet haben:

DIESEN GRABSTEIN
mögen nicht die Grazien heben, wohl aber
die Töchter der Hölle,
nicht die Musen, sondern die schlangenbekränzten
Furien.
A l e c t o *
sammelt die Asche, mischt sie mit Eisenhut
und wirft die willkommene Gabe zum Fraß vor
d e m S t y g i a n i s c h e n H u n d ,
der nun grausig nachsetzt auf dem Pfad des Orcus,
und schnappt nach
ihm, der zu Lebzeiten sein Begleiter war,
und er stürzt sich auf ihn
UND ER
grüßt die Furien, weil er sie alle kennt,
und spricht eine jede an bei ihrem eigenen Namen
O ihr elenden Künste,
die ihr nur den Vorteil gewährt,
dass ER als ein bekannter Gast sich nähern kann
DEN STYGIANISCHEN WASSERN.

* Der Doppelsinn fußt hier auf der Mehrfachbedeutung von "Alecto".
"Alecto", d.h. allecto (intens. v. allicio) heißt "anlocken".
"Alecto" ist eine der drei alte Vergeltungsgedanken verkörpernden Furien. Dieser Rachegeist aus der Unterwelt wurde "Die nie Rastende" bzw. "Die nie Endende" genannt.
"Allectus" ist der (durch kaiserliche Gnade) in einen höheren Rang Erhobene, also der "Zugewählte", in den Senat aufgenommene Ritter.

Der hündische Höllengeist stürzt sich, stimuliert vom Hexengebräu, auf seinen ehemaligen Gefährten und jagt den zauberischen Versucher textgemäß in die Unterwelt hinab. Hatte der Schwarzkünstler bereits zu Lebzeiten Kontakt mit vierbeinigen, mehrköpfigen Dämonen der Unterwelt, so ist er auch nach dem Tod in der vom Kerberos bewachten Hölle gut aufgehoben, will die Inschrift suggerieren. Der Wildwuchs der Legenden und phantastischen Fabeleien über Herr und Hund wurde durch die Grabsteinsetzung als dauerhafte Rufschädigung zementiert. Die Grabplatte diente schon als Grundstein für die Instrumentalisierung der Zaubersage von Agrippa als Magier in Begleitung des schwarzen Höllenhundes, noch bevor die verleumderische, von Nettesheims Feinden in Umlauf gesetzte Legende einige Jahre später in Buchform schriftlich weitergetragen wurde.

Vor dem Tor:
Famulus, Faust und der Pudel.
Lithographie von
E. Delacroix,
1826

VIII

Wirkung und geistesgeschichtliche Nachwirkungen

"Einen verdienten Meister" nannte der medizinische Reformer Paracelsus oder einer seiner Schüler Agrippa kurz nach dessen Ableben. Der posthume Meinungsstreit um Werk und Wirkung Nettesheims ließ nicht lange auf sich warten, zudem Agrippa vielen Zeitgenossen bereits zu Lebzeiten ein Dorn im Auge war. Auf Lob folgten Schmähungen und umgekehrt. Die schwer einzudämmenden Mechanismen der Legendenbildung taten ein übriges dazu, und so wundert es nicht, daß die verleumderische Fabel vom Dämon in Hundsgestalt auch in Buchform gedruckt wurde.

Wundergeschichten und Zaubersagen wuchsen üppig ins Kraut. Den Vogel im Übertreiben schoß dabei der italienische Kunstsammler und Historiker Paolo Giovio (1483-1552) ab. In seinem 1546 in Venedig gedruckten Werk "*Elogia doctorum virorum ab avorum memoria publicatis ingenii monumentis illustrium*" erzählt auch er die Geschichte vom schwarzen Höllenhund Monsieur und gibt ihr einen besonders makabren Schluß. Danach soll Agrippa auf seinem Sterbebett das mit kabbalistischen Zeichen versehene Halsband vom Kopf seines Hilfsgeistes in Hundegestalt gelöst haben. Seine letzten Worte galten nicht den anwesenden Menschen, sondern dem dramatischen Abgang des Vierbeiners. "Verschwinde, du verruchtes Tier! Durch dich kam alles Unglück über mich!" Dann verschied der Meistermagier, und sein unzertrennlicher Begleiter stürzte sich mit eingezogenem Schwanz in den nahen Fluß Saône, um auf Nimmerwiedersehen unterzutauchen.

In diesem Buch voller Irrtümer mußte Agrippa in Lyon und nicht in Grenoble sterben. Die zählebige Legende von Nettesheims schwarzem Höllenhund wurde auch von Andreas Hondorff in seinem 1574 zu Frankfurt gedruckten Buch *“Promptuarium exemplorum“* fortgeschrieben. Gleiches tat auch der Franzose André Thevet in seinem Buch *“Les vrais povtraits et vies de hommes illustres“*, das 1584 in Paris die Druckerpresse verließ.

Darzustellen und genüßlich auszuschlachten, daß Agrippa auf den Hund gekommen war, wurde den Gegnern der hermetischen Philosophie zur publizistischen Pflicht. Das hatte gelegentlich seltsame Folgen. Die weit verbreitete Hundemär drohte sich realiter zu verselbständigen, und so führte beispielsweise der bekannte Edelscharlatan und falsche Goldmacher Marco Bragadino (1545 oder 1550 -1591) zur Imagepflege immer zwei große schwarze Doggen mit sich herum. Über deren phantastische Herkunft ließ er an den Orten seines Verweilens Fabelgeschichten ausstreuen.

Die Schriften des berühmt-berüchtigten Kölner Gelehrten wurden in Abständen zwischen den Indizierungen immer wieder nachgedruckt und von Plagiatoren geplündert. Fehlerhafte Raubdrucke tauchten ebenfalls auf. Gelegentlich gab es auch Überraschungen, so etwa im Jahre 1598, als ein unveröffentlichter Kommentar Agrippas *“In artem brevem Raymundi Lullii commentaria“* über Ramon Lull zusammen mit einer Auswahl aus Lulls Werken erschien.

Kaum lag Nettesheim tot im Grab, da ließ ein bekannter, vorwitziger Dichter ihn in einem zwielichtigen Rahmen wieder auferstehen. Im 25. Kapitel des dritten Buches von François Rabelais (1494-1553) Riesensatire *“Gargantua et Pantagruel“* tritt Agrippa 1546 zum ersten Mal auch als literarische Figur mit Namen “Herr Trippa“ in Erscheinung. In diesem Teil der Pentalogie über die Willensfreiheit quält sich der Hofnarr, Schelm und Schürzenjäger Panurg mit der Frage, ob er nicht heiraten solle. Aber die Furcht vor der Hahnreischaft durch Betrug läßt ihn zögern und zu keinem

Entschluß kommen. Von Willensschwäche und Unentschlossenheit geängstigt, konsultiert Panurg mit dem gelehrten Epistemon nacheinander einen Mediziner, Theologen, Juristen, Philosophen, Hofnarren und ein Orakel, was zu absurden Antworten führt. Und so fragt Panurg den Sterndeuter und Magier Herrn Trippa: "«Eins aber könntest du noch tun, ehe wir zu unserm König zurückkehren», fuhr Epistemon fort, «wenn du meinem Rat folgen willst. Hier, nahe bei der Isle-Bouchard, wohnt Herr Trippa, der, wie du weißt, vermittels der Astrologie, Geomantie, Chiromantie, Metopomantie und wie all das Zeug heißen mag die Zukunft ergründet; wollen wir den zu Rate ziehen.» -«Davon weiß ich nichts», sagte Panurg. «Ich weiß nur so viel von ihm, daß die Hoflakaien, während er Seiner Majestät einmal allerlei himmlische und transzendente Dinge vorpredigte, seine Frau, die ein schöner Fickstern ist, auf der Treppe zwischen den Türen gehörig bearbeitet haben. Er, der Erde und Himmel ohne Brille durchschaut, über Vergangenheit und Zukunft daherredet und alles, was geschehen wird, voraussagt, sah nur nicht, wie seine Frau mit dem Bürzel wackelte, und hat's auch nie ergründet. Wenn du aber meinst, können wir ja hingehen - man lernt nie zuviel.»" (*Rabelais*, 405)

Diese recht drastische Passage enthält natürlich Anspielungen auf "*De vanitate...*" und des Morus Epigramm (vgl. Kapitel V), wo vor falschen und kurzsichtigen Astrologen gewarnt wird. Der ehemalige Mönch und Arzt Rabelais dichtet nun in diesem derben Kapitel seinem Berufskollegen Agrippa ausgerechnet das Schicksal an, das dieser selbst den falschen Propheten zugedacht hatte.

Rabelais und Agrippa waren sich 1535 kurz begegnet und wahrscheinlich gleich aneinandergeraten. Vielleicht neidete einer dem anderen den Ruhm, oder vielleicht stellten sie sich in Anflügen von Berufsneid gegenseitig die ärztlichen Fähigkeiten in Abrede oder gerieten sonstwie in Streit. Ein weiterer Grund für Eifersüchteleien könnte in einer zänkischen Beantwortung der Frage gelegen haben, wer denn Erasmus persönlich näher stünde. Beide unterhielten Briefwechsel mit dem großen Philosophen. Jedenfalls läßt Rabelais Agrippa und die divinatorischen Künste schlecht wegkommen. Durch die Stimme Panurgs läßt er ihn "ruhmredig, dünkelhaft und unausstehlich wie 17 Teufel" (*Rabelais*, 406) nennen. Kurz vor Erscheinen des dritten Teils der Pentalogie war Rabelais nach Metz geflüchtet, wo ihm allerlei seltsame Geschichten über Nettesheim zu Ohren gekommen sein mögen. Hier veröffentliche er auch satirische Prognostica, die wichtigtuerisch das Banale vorhersagten, das sowieso in jedem Jahr passiert.

Großen Einfluß übte Agrippas okkulte Philosophie in Italien auf das Werk *"Magia naturalis"* des Arztes, Wissenschaftspublizisten und Dramatikers Giambatista della Porta (1535-1615) aus. Es erschien 1589 in Neapel, wurde sofort nachgedruckt und in mehrere Sprachen, sogar ins Arabische, übersetzt. In diesem famosen Werk, dessen erster Teil Auszüge aus Agrippas Philosophie enthält, sind die erste schriftliche Beschreibung der Camera obscura mit Linse und Bemerkungen über die Möglichkeiten der hypnotischen Suggestion zu finden. Variationen der Anziehung und Sympathie in Naturmagie, Medizin und Lebenspraxis werden in diesem Buch theoretisch erörtert und durch praktische Beispiele mitsamt Rezepturen ergänzt. Della Porta gilt als einer der experimentierfreudigsten Universalgelehrten der Renaissance und gründete einen gelehrten "Kreis der Geheimnisse". Sein Werk spiegelt den Versuch wider, Magie mit naturwissenschaftlichen Methoden zu verbinden, was im Ansatz auch schon Agrippa von Nettesheim gefordert hatte.

Ein Anhänger Agrippas war auch der italienische Philosoph Giordano Bruno (1548-1600), der zu Lebzeiten von Katholiken und Protestanten verfolgt und schließlich wegen Ketzerei verbrannt wurde. Das aus Traktaten, Dialogen und Satiren bestehende Werk dieses hartnäckigen Gegners der aristotelischen Philosophie, der auch das kopernikanische Weltbild metaphysisch interpretierte, umfaßt Logik, Religion und

Moral. Er glaubte an die Endlosigkeit der Welten, propagierte ein pantheistisches Gottesbild und stellte die kirchlichen Dogmen immer wieder in Frage. Seine Kenntnisse der Kabbala bezog der rastlose Bruno vollständig aus Agrippas *"De occulta philosophia"*. Ebenso entnahm er auch noch andere Kenntnisse, die er in eigene Werke der achtziger Jahre einfließen ließ, Agrippas Handbuch der Renaissancemagie. Im Gegensatz zu seinem Vorgänger war er jedoch gegen die Mathematik eingestellt, die er nicht in den Rang einer "Himmelswissenschaft" erhoben sehen wollte.

Deutlich herauslesbar ist Agrippas Einfluß als Gegner des Hexenglaubens im 1563 zu Basel gedruckten Werk *"De praestigiis daemonum et incantationibus et veneficis libri V"* aus der Feder seines gelehrten Schülers Dr. Johann Weyer (1515-1588), auch Wier oder Wierus genannt. Akribisch und wider den Hexenwahn wird hier den "Blendwerken der Dämonen" nachgegangen, die vor allem auf der Kunst der Suggestion und der menschlichen Anfälligkeit für die Melancholie beruhen. Weyer war 1532/33 Schüler von Nettesheim in Bonn gewesen und galt als einer der hervorragendsten Ärzte seiner Zeit, nicht zuletzt wegen seiner auch per Buchdruck geforderten fortschrittlichen Diagnose- und Behandlungsmethoden. In den wegen Hexerei angeklagten Frauen sah er vor allem arme, melancholische Opfer der eigenen oder fremden Einbildungskraft, denen man medizinisch, aber nicht per Halsgericht helfen müsse. Eine solche in der Tat fortschrittliche Auffassung stieß in der Öffentlichkeit nicht nur auf Gegenliebe. Weyer wurde heftig angefeindet und das mehrfach nachgedruckte Werk landete auf dem Index der verbotenen Bücher. Interessant ist Weyers rationale Argumentation, daß Hexen schon deswegen keine Unwetter heraufbeschwören können, weil doch sonst im Krieg eine Hexe allein ausreichen müßte, um das Land des Feindes in Verwüstung zu stürzen. Nur die Ohnmacht erscheint großmächtig. Zwar sei der Teufel für die Menschen eine wirksame Plage Gottes, doch müßte dieser schon ein rechter Narr sein, wenn er bei seinen Blendwerken ausgerechnet auf die Hilfe alter, ohnmächtiger Weiber setzen würde. Den unrühmlichen *"Hexenhammer"* nannte Weyer ein "gottloses Schandwerk". Überhaupt war ihm persönlich jede Art von Fanatismus zuwider.

Im zweiten der insgesamt fünf Teile gibt Weyer einen kulturgeschichtlich aufschlußreichen Überblick hinsichtlich der Genese des magischen Denkens von der antiken Zauberei bis zur zeitgenössischen hermetischen Magie. Er spricht in diesem Zusammenhang auch von Doktor Faustus, Agrippa und Trithemius, den er heftig als Propagandist der Hexenverfolgung kritisiert. Überdies galt Weyer ebenfalls als Dämonologe von Rang, der auch von einflußreichsten Männern, wie etwa dem in Prag residierenden saturnischen Kaiser Rudolf II. (1552-1612) konsultiert wurde. Weyer verteidigte seinen Meister Agrippa und trat entschieden Gerüchten und Verleumdungen entgegen, die behaupteten, daß der Nettesheimer ein Teufelsbündner und Nekromant gewesen sei, den am Ende der Teufel geholt hätte. Er leugnete auch dessen Verfasserschaft für das umstrittene IV. Buch von *"De occulta philosophia"*, das nach seiner Angabe überhaupt erst im Jahr 1562 entstanden sei. Auch die fabelhafte Hundemär wurde von Weyer wieder entmystifiziert und auf das Niveau des Tatsächlichen zurechtgerückt. Der Nüchternheit Weyers stand die Begeisterungsfähigkeit seines Bruders Matthes gegenüber, der in der Zeit der Reformationswirren ein bekannter Mystiker gewesen war.

Auseinandersetzungen um die Gegenreformation verschärften auch den Tonfall im Diskurs über Nutzen und Schaden der Renaissancemagie. Hermetischer Neuplatonismus und Gelehrtenmagie gerieten immer mehr in Mißkredit oder waren aufgrund des Scheiterns einiger Reform- und Erneuerungsbestrebungen offenen Angriffen ausgesetzt. Weyers Hauptfeind war der Dämonomane und bekannte Rechtsgelehrte Jean Bodin (1530-1596), der nachhaltig für die Verketzerung Agrippas Sorge trug. Der in beständiger Angst vor

Fremdbestimmung lebende Bodin war ein begnadeter Verleumdungsstratege und behauptete wie Giotto rundheraus, der schwarze Pudel des Hundenarren Nettesheim sei im Kern tatsächlich ein Höllengeist in Tiergestalt gewesen. Als Agrippas Schüler und Verfasser von *"De praestigiis daemonum ..."* schien ihm Weyer natürlich besonders verdächtig. Weyer brachte öffentlich seine Verwunderung darüber zum Ausdruck, wie Leute, die sich selbst für verständig hielten, solche Gerüchte und Kolportagen à la Bodin nicht nur glauben, sondern auch noch drucken könnten. Doch Klatsch ist gemeinhin zählebig, und die Schandmäuler wollten nicht verstummen, zumal das Unheimliche an dieser Geschichte die Merkfähigkeit und den Grad ihrer Weiterverbreitung generell zu stimulieren schien.

In seinem dämonologischen Kompendium des Hexenglaubens *"De la Demonomanie des sorciers"* aus dem Jahre 1580 verwarf Bodin alle magische Kunst und hermetische Philosophie als üble Zauberei. Das Werk hatte einen fatalen Einfluß auf die wellenförmige Neuentfachung der Hexenverfolgungen am Ende des 16. und zu Beginn des 17. Jahrhunderts. Bodins Schmähsucht richtete sich in seinem Werk, das 1591 durch den Satiriker Johann Fischart unter dem Titel *"Vom aussgelasnen wutigen Teuffelsheer"* übersetzt wurde, gegen den christlichen Kabbalisten Pico und andere Exponenten des magischen Denkens. Agrippa galt ihm als Religionsentwerter und Erzzauberer, nicht zuletzt wegen der heftigen Ausfälle des Nettesheimers gegen die Kirchenobrigkeit und dem spektakulären Sieg über die Hexenverfolger 1519 in Metz. Die griffige Formel "Erzzauberer und Schurke" sollte viele Nachbeter finden.

Da Weyer die Hexen vorwiegend als kranke Menschen beschrieb, titulierte ihn der Kronanwalt Bodin mit dem Etikett "Beschirmer der Unholden". Es war Weyers Glück, von einigen mächtigen europäischen Herrschern beschützt zu werden, die auch seine ärztlichen Fähigkeiten zu schätzen wußten. Sein beispielhaftes Streben blieb für die Nachwelt ein Meilenstein auf dem mühevollen und von Rückschlägen gezeichneten Weg einer Entmystifikation der unmenschlichen Hexendoktrin.

In der Einschätzung von Agrippas Werk und Wirken erhoben sich auch andere Stimmen. In seiner Schrift "*Astronomiae instauratae pro gymnasmata*", gedruckt im dritten Band seiner Werke, schmäht auch der berühmte Astronom Tycho Brahe (1546-1601) Agrippa als den "hohlsten Erfinder aller Hohlheiten".

In England fand Agrippas Leben und Werk ein geteiltes, über 100 Jahre währendes Echo, das führende Köpfe der Renaissance, je nach persönlicher Einstellung, als Wohl- oder Mißklang deuteten.

Den größten Nachhall erlebte Agrippas Werk zur hermetischen Naturphilosophie in den magischen Operationen des John Dee (1527-1608), einem experimentierfreudigen Anhänger Roger Bacons. Systematisch studierte der walisische Gelehrte die hermetische Tradition der Philosophie als Naturtheorie einer alchimistisch-experimentellen Praxis. So war er auf Agrippas Konzept einer praktikablen "magia naturalis" gestoßen und folgte dessen dreifacher Einteilung des Stufenkosmos. Neben der pythagoreischen Numerologie und der Mikrokosmos - Makrokosmos Relation interessierte ihn die mystische Geometrie oder Himmelsmathematik.

Um die Jahrhundertwende war der englische Faust bereits ein Vordenker und Wegbereiter rosenkreutzerischen Weltverständnisses, für das er auf dem Kontinent warb. Der in der Engelsmagie sehr erfahrene Dee ging so weit, den beschworenen Geist Uriel während einer schwierigen Séance hinsichtlich einiger Unklarheiten nach einer schriftlichen Quelle zu fragen: "Meinst du etwa Agrippas Buch?"*

* Das geht aus Dees Arbeitsnotizen hervor. Vgl. British Museum, Sloane MS. 3188 fols I,13v
Vgl. auch meinen Aufsatz über John Dee "Auf den Spuren eines englischen Philosophen der Renaissance" in: "Karl Kiesewetter: *John Dee und der Engel vom westlichen Fenster*". Herausgegeben von Michael Kuper, Verlag Clemens Zerling, Berlin 1993

Ähnlich wie Nettesheim wurde auch Dee zu Lebzeiten schwer angefeindet und nach seinem Tod als Scharlatan, betrogener Betrüger oder blasser Nekromant verleumdet. Literarisch setzte man beiden ein wenig schmeichelhaftes Denkmal in Christopher Marlowes (1564-1593) Drama *"The Tragical History of Life and Death of Doctor Faustus"*. In diesem zwischen 1588 und 1593 entstandenen "Teufelsstück" voll Anspielungen auf Dees schlechten Ruf als Schwarzmagier und Geisterbeschwörer wird die Magie und das hermetische Philosophieren als gefährliche Wißbegier in Zeiten wachsender Verunsicherung und Hexenangst verworfen. Marlowes Faust ist ein überheblicher Adept der Renaissancemagie ("Ein rechter Magier ist ein halber Gott!") und skrupelloser Schüler ihres Ahnherrn Agrippa. Er ist dem Wissenwollen und Machtstreben um jeden Preis verfallen und schließt den Teufelspakt als Vorspiel zur späteren Höllenfahrt. Die faustische Verblendung geht so weit, daß dem Helden auch noch der tiefste Abgrund verlockend erscheinen will. Marlowes Faustversion führt den um Grenzüberschreitung und Wandlung ringenden Magier als Negativfigur öffentlicher Belehrung vor. Fleißig hat Marlowes Faust Agrippas Schriften studiert und möchte an allem nur erdenklichen Wissen

> "Agrippa gleich sein, den, weil er die Schatten
> Der Toten rief, einst ganz Europa ehrte"
> (*"Faustus"*, I i 134f.)

In Marlowes Stück bezeichnet Agrippas Namenserwähnung den Prototyp des Magus als Antihelden schlechthin und damit zugleich eine falsche Idealfigur. Die Verteufelung des Magus durch die literarische Gestaltung des Fausttypus ex negativo hatte im deutschen Sprachraum bereits 1587 mit der Herausgabe des Volksbuches begonnen, das auch Marlowe als Vorlage nützlich war. In der *"Historia von D. Johann Fausten / dem weitbeschreyten Zauberer und Schwartzkünstler"*, die Marlowe in englischer Übersetzung kannte, tritt der Teufelsbündner Faust als Schadenzauberer, Scharlatan, Blender und

Verblendeter in Erscheinung. Der Nekromant und Blendwerker hat sich vom "Affen Gottes" zum Aftervasallen des Teufels machen lassen, der ihn am Ende äfft.

Damit war der Höhepunkt der Polemik gegen die Renaissancemagie noch nicht erreicht. Auch der spanische Jesuit Antonio Martinez Del Rio (1551-1608) assoziierte Nettesheim mit Faust. In seinem mehrbändigen Werk *"Disquisitionum magicarum libri sex"* (1593) projezierte er die Schattenfigur Faust auf Agrippas Leben, um es noch gezielter in Verruf bringen zu können. Beide sind für ihn böse Zauberer und Schwindler, die ihr obskures Wissen vordringlich benutzen, um Leute zu betrügen. In Gasthäusern und Herbergen bezahlen sie mit falschen Gold.

Martin Del Rio war Vizekanzler und als Generalstaatsanwalt in den spanischen Niederlanden auch ein unheilvoller Ideologe der Hexendoktrin. Bei Del Rio ist die Mutmaßung nachzulesen, wonach Karl V. Agrippa vertrieben hätte. In seinem Buch behauptet er, daß der längst tote Agrippaschüler Weyer ein Teufelsknecht ersten Ranges gewesen sei, den der Böse selbst vor den Hexen auf dem Sabbat als beste Geheimwaffe der Hölle gegen die Inquisition loben würde. Weyer und seine Schüler hätten sich durch ihre Arbeiten um das Wohlergehen der Hölle wie kaum jemand sonst verdient gemacht. Del Rio, uns graut vor dir.

Nebenfigur in einem frühen englischen Schelmenroman ist Agrippa bei Thomas Nashe (1567-um 1601) in dessen 1594 gedruckten Satire *"The Unfortunate Traveller or The Life of Iacke Wilton"* ("Der glücklose Reisende oder das Leben Jack Wiltons"). Der streitlustige Nashe stand in der Tradition der englischen jest-books ("Schwankbücher"), und sein schwarzer Humor ließ ihn Gefallen am Auftritt des Schwarzkünstlers Agrippa als literarische Figur finden. Im Roman gibt Nettesheim eine kurze Kostprobe seines Könnens als Nekromant und zaubert dem Erasmus einen äußerst beredsamen Cicero vor die erstaunten Augen. Das bringt ihm anerkennenden Beifall ein, und der Verfasser dieser Abenteuererzählung versäumt nicht zu erwähnen, daß Agrippa auch Thomas Morus, Heinrich VIII. und Cromwell Gesichte und Träume vorgezaubert haben soll.*

Nashe war ein Freund von Ben Johnson (1572-1637), Verfasser der sarkastischen Magietravestie *"The Alchimist"*, und 1592 durch die Finanzsatire *"Pierce Pennilesse His Suplication to the Divell"* ("Peter Ohnegelds Bittschriften an den Teufel") bekannt geworden.

Der strebsame Hofmann und Philosoph Sir Francis Bacon (1561-1626), der sich immer zum eigenen Vorteil mit der Macht zu arrangieren wußte, nennt den aufstiegsmäßig glücklosen Agrippa geringschätzig "einen trivialen Gaukler". Wahrscheinlich fand er auch nur wenig Gefallen an Agrippas vehementer Kritik des Hoflebens in *"De vanitate..."*. Die Magie galt Bacon im wesentlichen nur als lästiges Hindernis für ein im Ansatz empirisch zu orientierendes Fortschrittsdenken. Die Spekulationsfreude von Hermetikern wie Fludd oder den zahlreichen englischen Paracelsus-Anhängern war ihm ein Dorn im Auge. Deshalb forderte Bacon auch eine scharfe Trennung der Religion von der Wissenschaft, der Mythologie von der Philosophie, die er selbst in seinen Schriften häufig vorzunehmen vergaß.

Hinweise auf Agrippa enthalten auch die Werke Michael Maiers (1568-1622)** und Robert Fludds (1574-1637). Dieser führende englische Hermetiker, der sich mit Keplers Attakken auf sein philosophisches System herumschlagen mußte, hatte in dem Buch *"Utrisque Cosmi historia"* (Oppenheim 1617-19) die Parallelität von Mikro- und Makrokosmos sowie die Harmonie der Sphären beschworen.

---

* Dieses Motiv läßt sich auch in Sir Walter Scotts (1771-1832) Poem *"The Lay of the Last Minstrel"* (London 1805) als spätes Echo auf Nashe wiederfinden. Hier zeigt Agrippa dem Earl of Surrey dessen verschiedene Geliebte in einem Zauberspiegel.

** Über Michael Maier und Robert Fludd ist im Rahmen dieser Reihe ebenfalls ein Buch geplant.

Ein positives Echo fanden Agrippas Werke 1615 in einer zu Danzig gedruckten Verteidigungsschrift der heftig angefeindeten Rosenkreutzer aus der Feder des Gelehrten Julius Sperber. *"Echo der von Gott hocherleuchteten Fraternität des löblichen Ordens R. C."* hatte Sperber sein Buch genannt. Bei ihm taucht die Metapher vom "Buch der Natur" auf, dessen Zeichen man kunstreich verstehen müsse.

In der 1619 zu Frankfurt publizierten Schrift *"Wohlmeinendes Bedenken Von der Fama und Confession der Bruderschaft des Rosencreutzes"* und weiteren Traktaten griff der Arzt und Alchimist Andreas Libavius (ca. 1550-1616) die Scheingelehrsamkeit einiger Paracelsus-Anhänger und Agrippa-Verteidiger an. Hauptpunkte der Kritik waren die Mystifikationen der Rosenkreutzer, die Weisungen des Hermes Trismegistos und die grundsätzliche Annahme einer makro-/ mikrokosmischen Harmonielehre. Libavius, der heute als Vorläufer einer experimentell ausgerichteten Chemie gilt, hatte in seinem Hauptwerk *"Alchymia"* (1596) die orthodoxen Säulen des Denkens verteidigt und Aristoteles und Galen gelobt, die in vielen rosenkreutzerischen Schriften als altmodische Starrköpfe angegriffen wurden.

Zwischen 1650 und 1680 erlebten magisch-alchimistische Schriften vor allem in England eine Renaissance. Zu den nachgedruckten Schriften Roger Bacons und John Dees kamen auch Neuauflagen von Agrippa und della Porta. Die englische Übersetzung von *"De occulta philosophia"* bestand allerdings nur aus den ersten drei Büchern. Das umstrittene "vierte Buch" wurde erst im Jahr 1655 von Robert Turner in die englische Sprache übertragen. 1652 publizierte Thomas Vaughan (1622-1666) die rosenkreutzerischen Manifeste *"Fama Fraternitatis"* und *"Confessio"* in einer englischen Übersetzung. Vaughan war Gründungsmitglied der honorigen "Royal Society" und trug den Rosenkreutzernamen Eugenius Philaletes, unter dem er 1650 die Schrift *"Anthroposophia theomagica - or - A Discourse of the Nature of Man and his state after death ..."* hatte drucken lassen. Agrippas Reputation als Magiosoph hatte Vaughan im gleichen Jahr in dem Traktat *"Anima magica abscondita - or - A Discourse of the universall Spirit of the Nature ..."* verteidigt. "Er ist wirklich mein Autor und nach Gott verdanke ich ihm am meisten", schrieb der Alchimist Vaughan enthusiastisch. Wenn im verschlüsselten Teil seiner Schriften die Bezeichnung "Imperator" fällt, so ist damit vorwiegend Agrippa gemeint. Auch des Alchimisten Zwillingsbruder, der englische Dichter Henry Vaughan (1622-1695), war ein glühender Verehrer von Agrippa. Wie dieser haßte er das höfische Leben, das nur zur Trägheit des Herzens führen würde.

In seinem 1654 zu London veröffentlichten Buch *"Academiarum Examen - or - The Examination of Academies"* plädierte der puritanische Geistliche und Gelehrte John Webster dafür, die hermetische Philosophie eines Paracelsus, Agrippa oder John Dee auch auf den Lehrplan der Universitäten zu setzen. Webster ist später auch publizistisch als Verteidiger des ebenso wie Agrippa als purer Nekromant oder Betrüger verleumdeten Dee in Erscheinung getreten. In der Nachfolge von Reginald Scot (1538-1599), der in seiner berühmten protestantischen Schrift gegen den Hexenwahn *"The Discoverie of Witchcraft"* (1584) den zeitgenössischen Aberglauben kritisiert hatte, lobt Webster Agrippa als mutigen Mann in dem 1677 zu London gedruckten Werk *"The Displaying of Supposed Witchcraft"*.

Späte Erwähnung findet Agrippa neben anderen bekannten Magiern noch einmal in der bissigen Verssatire *"Hudibras"* des Samuel Butler (1620-1680), der die Legende vom Höllenhund hochleben ließ:

> "Agrippa kept a Stygian pug,
> I'th'garb and habit of a dog,
> That was his tutor, and the cur
> Read to th'occult philosopher,
> And taught him subtly to maintain
> All other sciences are vain."

Im Zuge der frühen Aufklärung wird der Typus des Renaissancemagiers hier in den Reigen der Rückständigen, auf den Hund gekommenen Ignoranten und antiheldischen Schwindler eingereiht, über die sich billig lachen läßt. Als Kollege Agrippas wird die Hauptfigur des eitlen Sterndeuters Sidrophel vorgeführt, der sich unsterblich mit der hochtrabenden Behauptung blamiert, per Teleskop einen Elefanten im Mond entdeckt zu haben. Tatsächlich hat der eifrige Selbsttäuscher jedoch nur die Umrisse einer Maus gesehen, die in sein Fernrohr gekrochen war. Hinter der Maske des Sensationellen lauert oft nur banales Grinsen.

Ein weiterer publizistischer Angriff gegen Nettesheim und andere Vertreter des magischen Denkens wurde im Jahre 1623 von Martin Mersenne in der Schrift "*Quaestiones in Genesim*" geführt. Dieser französische Mönch blies zur großen Attacke gegen die hermetische Philosophie und wider die Vorstellung von der Allbeseeltheit des Kosmos. Überdies war Mersenne ein Wegbereiter der kartesianischen Philosophie. Heftig stritt er sich aufgrund seiner antirosenkreutzerischen Haltung auch noch später mit Robert Fludd, der ihm eine seitenstarke Federfehde lieferte. Mersenne war ein einflußreicher Beschleuniger des Übergangs vom magisch-religiösen zum mechanisch-naturwissenschaftlichen Weltbild. Für die Magie wirkte es sich stark diskreditierend aus, daß Mersenne die Datierung des englischen Gelehrten Casaubon argumentationsstrategisch zu Felde führte. Dieser jüdische Philologe hatte 1614 beweisen können, daß die Schriften des "*Corpus hermeticum*", auf die sich auch Agrippa bezog, keineswegs antik waren, sondern einen nachchristlichen Ursprung besaßen. Mit dieser korrekten Datierung war dem Rest der Befürworter eines im 17. Jahrhundert zum Schwinden verurteilten magischen Denkens von Seiten der Gelehrten ein schwerer Schlag versetzt worden.

Als Schlüsselfigur der Renaissancemagie wurde für Nettesheim in Frankreich 1625 zum vorläufig letzten Mal in Naudés Verteidigungsschrift "*Apologie pour les grands hommes soupconnés de Magie*" ("Apologie der großen Männer, die man der Magie bezichtigt", Paris 1625) eine Lanze gebrochen. Naudé meinte, Agrippa sei weniger abergläubisch als seine Feinde, Nachsteller und Ankläger gewesen. Er versuchte, ein freundliches, allerdings nicht von Zweifel freies Bild von Agrippa zu zeichnen, und sprach ihn neben Zarathustra, Orpheus, Ramon Lull, Pico und Paracelsus großzügig vom Vorwurf frei, schwarze Magie betrieben zu haben.

Dieser Vorstoß zeigte jedoch wenig Breitenwirkung, zumal sich im 17. Jahrhundert das wegweisende und vorurteilsbelastete Zerrbild vom Magiosophen als Scharlatan und Schwindler herauskristallisierte. Dieses Stereotyp verfestigte sich dauerhaft auch über das 18. Jahrhundert hinaus in allerhand Gelehrten- und Chronistenköpfen, war es doch recht pflegeleicht und beim Herbeizitieren anspruchslos.

In Mary Wollestonecraft Shelleys (1797-1851) Schauerroman "*Frankenstein or The Modern Prometheus*" aus dem Jahre 1818 ist es Agrippas Werk über die okkulte Philosophie, die den Helden Victor von Frankenstein auf die schiefe Bahn seiner Experimente bringt. Der Experimentator erliegt bald den unheilvollen Einflüssen des Schrifttums über magische Versuche und künstliche Menschen.

"Zwei Seelen wohnen, ach! in meiner Brust", lautet das durch mühsames Ringen zur Sprache gekommene Credo von Goethes Faust, der als tragische Figur und nicht als obskurer Zauberkünstler oder Scharlatan vorgeführt wird. Zumindest zeitweilig muß Agrippas skeptisches Denken auch einen prägenden Einfluß auf Johann Wolfgang von Goethe (1749-1832) ausgeübt haben. Seit seinen Jugendjahren hatte sich Goethe mit der Faustgestalt und den die Renaissancezeit konstituierenden Weltanschauungen beschäftigt. Für seine zweiteilige Faust-Tragödie, die er in den Tagebüchern als sein "Hauptgeschäft" bezeichnete, waren unter anderem das bereits erwähnte Volksbuch, dessen Marlowesche Adaption sowie Leben und Ansichten des Agrippa von Nettesheim wichtige Informationsquellen. Im vierten Kapitel des ersten Teils von

"Dichtung und Wahrheit" bekannte der Dichterfürst freimütig, daß die Lektüre von Agrippas skeptischem Buch über die Eitelkeit und Vergeblichkeit des menschlichen Wissens seinen jugendlichen Optimismus vorübergehend untergraben hätte "und mein junges Gehirn dadurch eine zeitlang in ziemliche Verwirrung setzte".

Zwar wird Agrippas Name nicht direkt im Drama um die Suche nach verbotenem Wissen erwähnt, doch weisen deutliche Bezüge darauf hin, daß der legendäre Nettesheim bei der Gestaltung von Goethes stürmisch-drängender Faustfigur Pate gestanden hat. Im Stück anklingende universale Wißbegier, Skepsis bis zum Überdruß, Beschwörungsmagie und nicht zuletzt der Höllengeist in Gestalt des schwarzen Pudels sprechen da eine deutliche Sprache. Hinzu kommt noch eine Affinität in der Namensgebung, heißt doch Goethes Faust mit Vornamen nicht etwa Johann, sondern, wie Nettesheim, Heinrich.

Den Geist der englischen Spätromantik atmet das doppelbändige Werk des Goethe- und Carlyle-Freundes Sir Henry Morley: *"The Life of Henry Cornelius Agrippa von Nettesheim, Doctor and Knight, Commonly known as a Magician"*. Diese erste große Biographie über Agrippa erschien 1856 zu London und bot trotz eines gelegentlich ins Pathetische abgleitenden romantisierenden Tonfall eine interessante Lebensbeschreibung, die den Weg für spätere Arbeiten wies.

"Bei zweideutigen Individuen, wie Agrippa eines war, bei Gaunern und Narren, wie die meisten anderen heißen dürfen, interessiert uns das System, in welches sie sich etwa hüllen, nur sehr wenig, samt seinen Formeln, Räucherungen, Salben, Pentakeln, Totenknochen und so weiter", salbaderte der Historiker Jakob Burckhardt 1860 in seinem Buch *"Die Kultur der Renaissance in Italien"*. Mit kaum zu überbietender Arroganz wurde hier die Beschäftigung mit Leben und Werk Agrippas und den geistesgeschichtlichen Wurzeln der Renaissancemagie tabuisiert. Dieses Interdikt gelehrter Einäugigkeit sollte fast einhundert Jahre Gültigkeit beanspruchen.

Dem spätestens seit der Aufklärung stereotyp gepredigten Stigma vom Magus als zu entlarvendem Schwindler oder Semi-Scharlatan* folgt die langatmige und recht einseitige Darstellung von M. August Prost: *"Corneille Agrippa: Sa Vie et Ses Ouevres"* (Paris 1882). Die gesprächige Voreingenommenheit des um keine Interpretation verlegenen Metzer Stadthistorikers mindert den Wert des zweibändigen Werkes als quellenkundige Grundlage einer modernen Beschäftigung mit Agrippas Leben und Werk.

Um Realismus in der Darstellung einer magischen Welt, die zugleich von Faszination und Schrecken geprägt ist, hat sich vor allen Valerij Brjussow (1873-1924) bemüht. In seinem 1908 gedruckten phantastischen Roman *"Ognennyj Angel"* ("Der feurige Engel") entwirft er ein schillerndes und facettenreiches Bild der Renaissancemagie. Faust, Mephistopheles, Agrippa und sein Schüler Johann Weyer tauchen auf. Querelen mit der Inquisition und Angst vor Verfolgung bestimmen Teile der Handlung in diesem symbolistischen Abenteuerroman. Der quellenkundige Dichter Brjussow macht den Leser in seinem historischen Roman zum teilnehmenden Beobachter einer Introspektion in die magische und in die alltägliche Welt des 16. Jahrhunderts zwischen Vision und Depression.

Anhand zweier Etappen von Agrippas Leben erhellt er auch die Mechanismen der Legendenbildung um außerordentliche Geister. Fast authentisch ist Brjussows Darstellung von Weyers Melancholie-Auffassung.

Ein prägender Einfluß auf die historische Genese des Melancholiebegriffes in der Renaissance kann übrigens ebenfalls Agrippa von Nettesheim zugeschrieben werden. Dies zeigt sich in Albrecht Dürers (1471-1528) Kupferstich "Melencolia I", der

* Vgl. zum Beispiel das 1785 im Jahrhundert der Scharlatane anonym in drei Bänden zu Leipzig erschienene Buch *"Geschichte der menschlichen Narrheit oder Lebensbeschreibungen berühmter Schwarzkünstler, Teufelsbanner, Zeichen- und Liniendeuter, Schwärmer, Wahrsager und anderer philosophischer Unholden"*.

Albrecht Dürer,
Melencolia I,
Kupferstich 1514

Agrippas in *"De occulta philosophia"* entwickelten Auffassung der inspirierten Melancholie widerspiegelt. Nettesheim seinerseits hatte das Konzept einer dreistufigen Melancholie dem pseudo-aristotelischen *"Problemata"* entlehnt. Der berühmte Stich ist auf das Jahr 1514 datiert und gemeinhin wird angenommen, daß Dürer eine der handschriftlichen Fassungen von *"De occulta philosophia"* kannte.

Alfred Jarry
Foto Nadar.
1896

Züge Agrippas trägt auch der Zeitreisende, Possenreißer und Pataphysiker des Imaginären, Doctor Faust(t)roll, in Alfred Jarrys (1873-1907) surrealistischem Roman *"Heldentaten und Ansichten des Doctor Faustroll, Pataphysiker"* (1898). In diesem "neo-wissenschaftlichem Roman" rabelaisschen Zuschnitts, der posthum im Jahr 1911 gedruckt wurde, tobt der Held, eine Mischfigur aus "Faust" und "Troll" (Kobold)*, zusammen mit seinem Hilfsgeist, dem hundsköpfigen Pavian Backenbuckel, durch die unauslotbaren Spielräume der Pataphysik. Bei dieser handelt es sich um eine absurde Geheimwissenschaft der imaginären Lösungen, die in dem Credo "Gott ist der kürzeste Weg von Null nach Unendlich, in beiderlei Richtungen" gipfelt. Der Sprachmagier und Bühnenzauberer Jarry, die erste Vaterfigur der Moderne, läßt seinen Helden wie einst Odysseus eine Meerreise unternehmen, die in Wirklichkeit eine Landpartie ist und Faust(t)roll nicht über die

* Etymologisch möglich sind auch noch die Variante "Faust-drôle" (Faust, der Närrische, Drollige) oder die Zusammensetzung von "Faust" und "rollen".

Grenzen von Paris hinauskommen läßt. Jenseits der Logik bereist "der Mann über jedes schickliche Maß hinaus" Inseln, die eigentlich lose miteinander verbundene Werke der symbolistischen Literatur und Malerei sind. Raum und Zeit scheinen verwandelbar und sind umkehrbar. Das wahre Jenseits ist das Jenseits der vorgefaßten Meinungen. Ein Mysterium des Mystischen liegt darin, daß ein mystisch geprägtes Ideal erst dann Vollkommenheit erreicht, wenn man es auch der Lächerlichkeit preisgeben kann. Einer nachmaligen Erhöhung geht eine Erniedrigung voraus.

Der Tausendsassa und Sprachgaukler Alfred Jarry veröffentlichte in seinem *"Almanach du Père Ubu illustré"* (Paris 1899) auch unter der Rubrik "Nützliche Kenntnisse" echte Rezepte einer "magia naturalis" à la Porta oder Agrippa, etwa "Wie man mit Salamandern Gold gewinnen kann..." und deren Parodie ("Wie man Haare grün färbt..."). Ausdrücklich erwähnt hat Jarry, der das magische Element gern hinter dem Deckmantel des Absurden hervorspringen ließ, Agrippas *"De vanitate..."* in seinem Roman *"Der Übermann"* aus dem Jahr 1902.

Erwähnung findet Agrippas Name auch neben della Porta im Werk *"L'Oeuvre au Noir"* ("Die schwarze Flamme"; wahrscheinlich 1968 erstveröffentlicht) aus der Feder der Marguerite Yourcenar (1903-1987).

1967 veröffentlichte der Ethnohistoriker Karl Anton Nowotny eine textkritische, sachkundig kommentierte Ausgabe von *"De occulta philosophia"* in Faksimile. Diese aufwendige Wiener Edition des ältesten Kölner Druckes aus dem Jahre 1533 stellt zweifelsohne einen außerordentlich bemerkenswerten Beitrag zur Geistesgeschichte der Renaissance dar. Gut recherchiert und wissenschaftlich fundiert ist auch Charles Henry Nauerts Studie *"Agrippa and The Crisis of Renaissance Thought"* aus dem Jahre 1965.

Ähnlich wie Brjussow um Realismus in der Darstellung bemüht ist die DDR-Autorin Rosemarie Schuder (1928-) in ihrem Roman *"Agrippa und Das Schiff der Zufriedenen"* aus dem

Jahr 1977. Darin schildert sie neben einigen Reminiszenzen an seine jüngste Vergangenheit im wesentlichen zwei Jahre aus Agrippas Leben. Es handelt sich dabei um die Zeit in Lyon 1525/26, wo Nettesheim als Leibarzt der Mutter des Königs von Frankreich wirkte. Wie bereits in den Büchern *"Paracelsus und der Garten der Lüste"* sowie *"Hieronomyus Bosch"* entwirft Frau Schuder auch hier ein stimmungsvolles und konfliktbezogenes Porträt der frühen Neuzeit.

Die bis dato letzte literarische Bearbeitung entstammt meiner eigenen Feder und trägt den Titel *"Nettesheim oder Wie man Feuer fängt"* (1993). Dieser semidokumentarische Roman erzählt 100 Tage aus Agrippas Alltagsleben 1519/20 und die Ereignisse um den Hexenprozeß in Metz. Als teilnehmender Beobachter wird der Leser hier durch das hintergründige Geschehen geschleust.

Agrippa von Nettesheim war eine der schillernsten und facettenreichsten Persönlichkeiten der Renaissance. Sein wechselvolles Leben stellt eine Herausforderung für Biographen, Historiker und Literaten dar. Hin- und hergerissen zwischen den Polen des magischen und skeptischen Denkens hinterließ Agrippa der Nachwelt ein widersprüchliches, von faustischem Doppelsinn geprägtes Werk, das bis heute kontrovers diskutiert und aufgearbeitet wird.

Auswahlbibliographie

AGRIPPA VON NETTESHEIM:

- DE OCCULTA PHILOSOPHIA - Die magischen Werke. Wiesbaden 1982 (I)
- DE OCCULTA PHILOSOPHIA. Herausgegeben von Willy Schrödter. Remagen 1967 (II)
- DE OCCULTA PHILOSOPHIA. Antwerpen 1531. Herausgegeben von Carl Anton Nowotny, Graz 1967
- DE OCCULTA PHILOSOPHIA LIBRI TRES. (Coloniae) 1533
- DE INCERTITUDINE ET VANITATE SCIENTIARUM DECLAMATIO INUECTIUA. Coloniae 1531
- DIE EITELKEIT UND UNSICHERHEIT DER WISSENSCHAFTEN UND DIE VERTEIDIGUNGSSCHRIFT. Herausgegeben von Fritz Mauthner in zwei Bänden. München 1913 Enthält: Verteidigungsschrift Agrippas gegen die Angriffe der Theologen von Löwen (Apologia)
- DIALOGUS DE HOMINE. Herausgegeben von Paola Zambelli, in: Revista critica di storia della filosofia, XIII (1958), S. 47-71
- DE BEATISSIMAE ANNAE MONOGAMIA, AC UNICO PUERPERIO PROPOSITIONES ABBREUIATAE ET ARTICULATAE, IUXTA DISCEPTATIONEM IACOBI FABRI STAPULENSIS IN LIBRO DE TRIBUS ET UNA, INTITULATO. EIUSDEM AGRIPPAE DEFENSIO PROPOSITIONUM PRAENARRATARUM CONTRA QUENDAM DOMINICASTRUM EARUNDEM IMPUGNATOREM, QUI SANCTISSIMAM DEIPARAE UIRGINIS MATREM ANNAM CONATUR OSTENDERE POLYGAMAM. QUAEDAM EPISTOLAE SUPER EADEM MATERIA ATQUE SUPER LITE CONTRA EIUSDEM ORDINIS HAERETICORUM MAGISTRO HABITA.

- *Bader, Georg:* Assertio. Drei fortlaufende Lektüren zu Skepsis, Narrheit und Sünde bei Erasmus und Luther. Tübingen 1985
- *Bakhtin, Mikhail M.:* The Dialogic Imagination. Austin 1981
- *Bakhtin, Mikhail M.:* Rabelais and his World. Bloomington 1984
- *Baron , Frank:* Doctor Faustus. From History to Legend. München 1978
- *Baschwitz, Kurt:* Hexen und Hexenprozesse. Die Geschichte eines Massenwahns und seiner Bekämpfung. München 1963
- *Berry, Alice Fiola:* Rabelais: Homo logos. Chapel Hill 1979
- *Bertrand, Alexis:* "Le mouvement psychologique: Grandeur et suprématie des femmes, manifeste féministe d'Henri-Corneille Agrippa de Nettesheym", in: Archives d'anthropologie criminelle, de médicine légale et de psychologie normale et pathologique, XXV (1910),S. 112-146
- *Blau, Joseph L.:* The Christian Interpretation of the Cabala in the Renaissance. New York 1944
- *Bloch, Ernst:* Das Prinzip Hoffnung. Frankfurt 1985
- *Bloch, Ernst:* Leipziger Vorlesungen zur Geschichte der Philoso phie 1950-1956, Band 2: Christliche Philosophie des Mittelal ters, Philosophie der Renaissance. Frankfurt a.M. 1985
- *Bowen, Barbara:* The Age of Bluff: Paradox and Ambiguity in Rabelais and Montaigne. Urbana 1972
- *Brant, Sebastian:* Das Narrenschiff. Texte und Holzschnitte der Ausgabe 1494. Frankfurt a.M. 1980
- *Buck, August:* Rabelais. Darmstadt 1973
- *Butler, Samuel:* Hudibras. Cambridge 1905
- *Chesney, Elisabeth A.:* The Counter-Voyage of Rabelais and Ariosto: Myth, Madness and Multiplicity. Duke-University 1976
- *Clulee, Nicholas H.:* John Dee's Natural Philosophy. Between Science and Religion. London 1988
- *Cocchiara, Guiseppe:* Il mondo alla rovescia. Turin 1963
- *Coleman, Dorothy:* Rabelais. A Critical Study in Prose Fiction. Cambridge 1971
- *Colie, Rosalie L.:* Paradoxa Epidemica: The Renaissance Tradition of Paradox. Princeton 1965
- *Davis, Natalie Zemon:* Humanismus, Narrenherrschaft und die

Riten der Gewalt. Gesellschaft und Kultur im frühneuzeitlichen Frankfurt 1987

- *Dee, John:* "Mathematical Preface to The Elements of Geometrie of the most ancient Philosopher Euclide of Megara", translated by Sir Henry Billingsley. Ed. John Dee. London 1570
- *Dee, John:* Monas Hieroglyphica. Antwerpen 1564, Nachdruck Frankfurt 1591.
- *Dee, John:* Propaedeumata Aphoristica. London 1558, Neuauflage 1568
- *Dee, John:* A True & Faithful Relation of what passed for many Years Between Dr. John Dee ... and Some Spirits. Ed. Meric Casaubon. London 1659
- *De Francesco, Grete:* Die Macht des Charlatans. Basel 1937
- *Delcambre, E.:* Concept de la sorcellerie dans le duché de Lorraine au XVIe et au XVIIe siècle. Bd. 1: L'initiation à la sorcellerie et le sabbat. Nancy 1948; Bd. 2: Les jeteurs de sort notamment dans l'ancienne Lorraine. Nancy 1950; Bd. 3: Les devins-guérisseurs. Nancy 1951
- *DeMolen, Richard L.:* Erasmus. London 1973
- *Delumeau, Jean:* Angst im Abendland: Die Geschichte kollektiver Ängste m Europa des 14. bis 18. Jahrhunderts. Bd. 1, Hamburg 1985
- *Eliade, Mircea: The Quest:* History and Meaning in Religion. Chicago 1969.
- *Erasmus, Desiderius:* Opus epistolarum Des. Erasmi Roterodami, et. P. S. Allen. Oxonii 1906-1958
- *Faludy, Jack:* Erasmus. New York 1970
- *Ficino, Marsilio:* De Triplici Vita. Florence 1489
- *Ficino, Marsilio:* Opera Omnia. Basileae 1576
- *Foucault, Michel:* Wahnsinn und Gesellschaft. Frankfurt a.M. 1973
- *Frank, Sebastian:* Weltbuch. Tübingen 1534
- *French, Peter J.:* John Dee: The World of an Elizabethian Magus. London1972
- *Halm, Erich:* Die Stellung des H. C. Agrippa von Nettesheim in der Geschichte der Philosophie. Phil.Diss. München 1923

- *Hansen, Joseph:* Quellen und Untersuchungen zur Geschichte des Hexenwahns im Mittelalter. Bonn 1901
- *Hartlaub, G. F.:* Giorgiones Geheimnis. München 1925
- *Hatzfeld, Moritz:* François Rabelais. München 1973
- *Hellmann, G.:* "Versuch einer Geschichte der Wettervorhersage im 16. Jahrhundert", in: Abhandlungen der Preußischen Akade mie der Wissenschaften, Jahrgang 1924
- *Huizinga, Johan:* Erasmus. Basel 1951
- *Jantz, Harold:* Goehtes Faust as a Renaissance Man: Parallels and Prototypes. Princeton 1951
- *Jarry, Alfred:* Der Alte vom Berge. München 1972
- *Jarry, Alfred:* Heldentaten und Ansichten des Doktor Fausttroll, Pataphysiker. Berlin 1968
- *Kaiser, Walter:* Praisers of Folly. Erasmus-Rabelais-Shakespeare. Cambridge 1963
- *Keussen, Hermann:* Die Matrikel der Universität Köln. Bonn 1892-1931
- *Kiesewetter, Karl:* Die Geheimwissenschaften. Leipzig 1895
- *Kiesewetter, Karl:* Faust in der Geschichte und Tradition. S.L. 1921
- *Klibansky, Raymond, Panofsky, Erwin und Saxl, Fritz:* Saturn und Melancholie. Studien zur Geschichte der Naturphilosophie und Medizin, der Religion und Kunst. Frankfurt 1990
- *Könneker, Barbara:* Wesen und Wandlung der Narrenidee im Zeitalter des Humanismus. Wiesbaden 1966
- *Kristeller, Paul Oskar:* The Philosophy of Masilio Ficino. New York 1943
- *Kroll, Josef:* Die Lehre des Hermes Trismegistos. Münster 1914
- *Kuper, Michael:* Der Narrenspiegel. Berlin 1986
- *Kuper, Michael:* Zur Semiotik der Inversion: Verkehrte Welt und Lachkultur im 16. Jahrhundert. Berlin 1993
- *Kuper, Michael:* John Dee und der Engel vom westlichen Fenster. Berlin 1993
- *Lebegue, Raymond:* "Rabelais. The Last of the French Erasmians", in: Journal of the Warburg and Courtauld Institutes, XII (1949), S. 91-100
- *Lefranc, Sbel:* "Rabelais et Cornelius Agrippa", in: Mélanges offerts à

M. Emile Picot, Paris 1913, Bd. II, S. 477-486
- *LeMoigne, François-Yves:* Histoire de Metz. Toulouse 1986
- *Leiris, Michel:* "Die hieroglyphische Monade von John Dee(1927)", in Michel Leiris: Das Auge des Ethnographen. Ethnologische Schriften. Frankfurt a.M. 1978, S. 263-266
- *Lydgate, Barry:* Ars Artificialiter Scribendi. Rabelais and the Printed Book. Yale 1975
- *Macfarlane, Alan:* Witchcraft in Tudor and Stuart England. London 1970
- *Marlowe, Christopher:* The Tragical History of Doctor Faustus (1588-92, gedruckt publiziert 1604), ed. Frederick Boas. London 1949
- *Marwick, Max:* Sorcery and its Social Setting. Manchester 1965
- *Nauert, Charles:* Agrippa and the Crisis of Renaissance Thought. Urbana 1965
- *Nowotny, Karl Anton:* Die europäische Sicht. Köln 1976
- *Orsier, Joseph:* Henry Cornélis Agrippa, sa vie et son œuvre d'après sa correspondance (1486-1535). Paris 1911
- *Panofsky, Erwin:* Albrecht Dürer. Princeton 1943
- *Paracelsus, Theophrastus:* Sämtliche Werke. Herausgegeben von Karl Sudhoff. München 1933, Band XIV
- *Pavlovskis, Zoja:* The Praise of Folly. Structure and Irony. Leiden 1983
- *Pico della Mirandola, Giovanni:* Ausgewählte Schriften.Übersetzt und eingeleitet von Arthur Liebert. Jena und Leipzig 1905.
- *Quepat, Nérée:* Histoire du Village De Woippy. Metz 1878.
- *Rabelais, François:* Gargantua et Pantagruel. Herausgegeben von Horst und Edith Heintze. Frankfurt 1974
- *Reichl, Anton:* "Goethes Faust und Agrippa von Nettesheim", in: Euphorion, Zeitschrift für Literaturgeschichte, IV (1897), S. 287-301
- *Reusch, Franz:* Der Index der verbotenen Bücher. Aalen 1967
- *Rossi, Paolo:* Francis Bacon: From Magic to Science. London 1968
- *Scot, Reginald:* Discovery of Witchcraft. London 1584
- *Seligmann, Kurt:* Das Weltreich der Magie. Stuttgart 1958
- *Shumaker, Wayne:* Renaissance Curiosa. Medivial and Renaissance Texts and Studies, Vol. 8. Binghamton 1982

- *Swain, Barbara:* Fools and Folly during the Middle Ages and the Renaissance. New York 1932
- *Thomas, Keith:* Religion and the Decline of Magic. Studies in Popular Beliefs in sixteenth and seventeenth Century England. London 1971, Neuauflage 1973
- *Thorndike, Lynn:* A History of Magic and Experimental Science. London 1923-1958
- *Vaughan, Thomas:* Anthroposophica theomagica. London 1650
- *Vickers, Brian:* Occult and Scientific Mentalities in the Renaissance. Cambridge 1984
- *Vigneulles, Phillipe de:* La chronique de la ville de Metz. Metz 1927-33
- *Walker, D. P.:* Spiritual and Demonic Magic from Ficino to Campanella. London 1958
- *Westman, R. S. und J. E. McGuire:* Hermeticism and the Scientific Revolution. Los Angeles 1977
- *Wightman, W.:* Science and the Renaissance: An Introduction th the Study of the Emergence of the Sciences in the Sixteenth Century. London 1962
- *Wind, Edgar:* Pagan Mysteries in the Renaissance. New Haven 1958
- *Yates, Francis A.:* "The Art of Ramon Lull: An Approach to it through Lull's Theory of Elements", in JWCI, XVII(1954)
- *Yates, Francis A.:* "The Hermetic Tradition in Renaissance Science", in: Charles S. Singleton: Art, Science and History in the Renaissance. Baltimore 1968
- *Yates, Francis A.:* Theatre of the World. London 1969
- *Yates, Francis A.:* Aufklärung im Zeichen des Rosenkreuzes. Stuttgart 1975
- *Yates, Francis A.:* Ideas and Ideals in the North European Renaissance. Collected Essays Vol. III, London 1984
- *Yates, Francis A.:* Giordano Bruno in der englischen Renaissance. Berlin 1989
- *Yates, Francis A.:* Die okkulte Philosophie im Elisabethanischen Zeitalter. Amsterdam 1991
- *Zeytel, Edwin:* Sebastian Brant. New York 1967
- *Ziegeler, Wolfgang:* Möglichkeiten der Kritik am Hexenwesen im ausgehenden Mittelalter. Köln 1973

BAND 1

Karl Kiesewetter
John Dee
und der Engel vom westlichen Fenster

Korrigierte Fassung der Ausgabe 1893, herausgegeben und mit einem umfangreichen Vorwort eingeleitet von Michael Kuper

144 Seiten, 13 Abb., ISBN 3-88468-053-6

Michael Kuper

Zur Semiotik der Inversion

Verkehrte Welt und Lachkultur

im 16. Jahrhundert

VWB

Michael Kuper
Zur Semiotik der Inversion
Verkehrte Welt und Lachkultur im 16. Jahrhundert
196 S. • ISBN 3-86135-000-9

erschienen im:

VWB – Verlag für Wissenschaft und Bildung
Markgrafenstr. 67 • 10969 Berlin
Tel. 030 - 251 04 15